Günther & Yves Plamenig

Die ersten drei Monate arbeitslos bei der RAV

Tag 1 – Der Schock des Anfangs

Das Gespräch mit dem RAV-Berater – Erwartungen und Möglichkeiten

Der Wendepunkt – Wenn du plötzlich wieder gefragt bist

Verlag Bottom up

Sponsoren dieses Buches:

Ein Dankeschön an die Sponsoren!

2025

PRV Personal Rekrutierung und Vermittlung GmbH

PBI Projekte Beratungen Investments GmbH

Verlag Bottom up

Günther & Yves Plamenig

Die ersten drei Monate arbeitslos bei der RAV

Tag 1 – Der Schock des Anfangs

Das Gespräch mit dem RAV-Berater – Erwartungen und Möglichkeiten

Der Wendepunkt – Wenn du plötzlich wieder gefragt bist

Copyright: Verlag Bottom up

Birkenstrasse 14

CH- 4142 Münchenstein

E- Mail: bottomupverlag@gmail.com

Auflage 1

Ungekürzte Ausgabe:

Juli 2025   Verlag Bottom up

Umschlagseite: Yves & Günther Plamenig

Satz: Yves Plamenig

Beratung: Marketing Yves Plamenig

Vermarktung: Yves und Günther Plamenig

Danke an alle die in Zusammenhang zur Veröffentlichung diesem Buch mitgearbeitet haben.

Besonderes dir ein grosses Danke Yves nochmals.

Druck: Libri Plureos GmbH, Friedensallee 273, 22763 Hamburg

ISBN 978-3-907720-78-3   EAN 9783907720783

Notizen:

Inhaltsverzeichnis:

Einleitung:

Es gibt Bücher, die entstehen aus Wissen. Und es gibt solche, die wachsen aus Erfahrung. Dieses Buch gehört zur zweiten Art. Es ist nicht geschrieben worden, um kluge Ratschläge zu geben. Sondern um eine Stimme zu sein in einer Zeit, in der viele Menschen verstummen – aus Erschöpfung, aus Scham, aus dem Gefühl, nicht mehr Teil zu sein. **Die ersten drei Monate ohne Arbeit** – sie klingen harmlos, kurz, überbrückbar. Doch wer sie erlebt hat, weiss: Sie können das ganze Leben infrage stellen. Sie werfen dich zurück auf dich selbst. Und wenn du Glück hast, bringen sie dich dort auch wieder hin. Dieses Buch begleitet. Still. Wach. Ohne Urteil. Es spricht von Formularen, Gesprächen, Plänen – aber auch von der Müdigkeit, die keine Sprache hat. Es handelt von der Arbeitssuche im Jahr 2025. Und doch handelt es vor allem vom Menschen, der sucht. Nicht nur eine Stelle. Sondern Sinn. Klarheit. Halt.

Wenn du dich in diesen Seiten wiederfindest, bist du nicht allein. Du bist Teil einer Bewegung, die selten sichtbar ist – aber umso realer. Diese Seiten wollen nichts versprechen. Nur da sein, wenn du einen Schritt machen willst. Und vielleicht eine Hand auf deiner Schulter – aus Sprache.

Notizen:

Kapitel 1: – Tag 1: Der Schock des Anfangs

Der erste Tag ohne Arbeit beginnt oft nicht mit Kaffee und Zeitung, sondern mit einem Gefühl. Man steht auf – und weiss nicht, wofür. Kein Termin, keine Agenda, kein Mensch wartet. Es ist ein Tag, der nicht geplant war. Und einer, von dem man nie geglaubt hat, dass er so kommen würde.

Ob der Verlust abrupt kam oder sich über Wochen angekündigt hat – das Resultat ist gleich: Leere. Es fühlt sich nicht an wie Urlaub. Nicht wie freie Zeit. Eher wie ein Loch in der Struktur des Alltags. Und man fragt sich, ob man jetzt offiziell „arbeitslos" ist – und was das mit einem macht.

Die meisten Menschen unterschätzen, wie sehr Arbeit Identität formt. Wenn jemand fragt: „Und was machst du so?", antworten wir fast immer mit unserem Beruf. Dieser Reflex entfällt plötzlich. Und mit ihm auch ein Teil der sozialen Sicherheit. Arbeitslosigkeit ist nicht nur ein ökonomischer Zustand, sondern ein biografischer Einschnitt.

Gleichzeitig beginnt ein administrativer Prozess. Ein Anruf bei der Arbeitslosenkasse. Die Anmeldung bei der RAV. Die ersten Formulare, Lebensläufe, Nachweise. Es fühlt sich paradox an: Du bist ohne Arbeit

– und hast plötzlich eine Menge zu tun. Was kaum jemand dir sagt: Diese ersten Tage sind der Beginn eines neuen Jobs – dem Job, dich selbst neu zu organisieren. Es ist kein einfacher Job. Aber er hat Potenzial. Nicht sofort, nicht ohne Widerstand. Doch in diesen ersten Tagen entscheidet sich mehr, als es scheint. Wer sich in den ersten zwei, drei Wochen eine gewisse innere Ordnung schafft, erleichtert sich alles Weitere enorm. Nicht, weil dann alles leicht wird – sondern weil es tragfähiger wird.

Und deshalb ist es wichtig, genau heute innezuhalten und sich eine Frage zu stellen, die selten gestellt wird: Wie will ich durch diese Zeit gehen? Nicht nur: „Wie komme ich schnell wieder raus?" Sondern: Wie will ich diese Monate erleben? Was soll von mir bleiben – auch in der Phase ohne Titel, Büro, Lohn?

Viele Menschen schämen sich in den ersten Tagen. Sie vermeiden den Kontakt zu Bekannten, erzählen nur vage, was gerade passiert. Diese Scham ist menschlich – aber nicht hilfreich. Sie isoliert und blockiert. Stattdessen ist es nützlicher, einen nüchternen Blick einzunehmen. Arbeitslosigkeit ist kein persönliches Versagen. In der Schweiz, im Jahr 2025, durchläuft fast jeder Mensch im Erwerbsleben mindestens eine Phase der Erwerbslosigkeit. Wirtschaft, Umstrukturierungen, Digitalisierung, Krankheiten, Kündigungen – nichts davon ist ungewöhnlich. Es ist nur nicht angenehm. Was dich in diesen ersten Tagen weiterbringt, ist Realismus mit Haltung. Du bist nicht nur jemand, der arbeitslos wurde. Du bist jemand, der sich in Bewegung hält. Auch wenn es langsam beginnt. Auch wenn du nicht weisst, wohin genau. Stell dir diese Zeit wie ein Zwischenraum vor – kein Vakuum, sondern ein Übergang. Und Übergänge sind anstrengend, aber auch bedeutungsvoll. Sie fordern heraus. Aber sie ermöglichen, sich neu zu fokussieren.

Vielleicht ist heute der Tag, an dem du eine Datei eröffnest mit dem Titel „Mein Weg zurück". Oder ein Notizbuch. Vielleicht notierst du keine grossen Ziele, sondern nur, was du nicht vergessen willst: Ich bin mehr als mein letzter Job. Ich bin in Veränderung. Ich gehe Schritt für Schritt.

Und vielleicht ist das genug für den ersten Tag.

Notizen:

Notizen:

Kapitel 2: – Formalitäten und Realität: Das erste Gespräch bei der RAV

Kaum ist der erste Schock der Arbeitslosigkeit verarbeitet, beginnt das Pflichtprogramm: der Gang zur RAV. Für viele fühlt sich dieser Termin wie eine Art Prüfung an. Man hat Dokumente dabei, ist pünktlich, vielleicht sogar ein wenig nervös. Man weiss nicht, was einen erwartet. Was man sich selten vorher klarmacht: Auch für die RAV ist dieser Termin Routine. Für dich ist es der Beginn eines persönlichen Veränderungsprozesses – für die Fachperson auf der anderen Seite des Schreibtischs ist es ein Arbeitstag wie jeder andere. Genau darin liegt auch eine gewisse Entlastung: Du wirst nicht bewertet. Du wirst aufgenommen.

Die Anmeldung – Der formale Einstieg.

Spätestens am ersten Tag der Arbeitslosigkeit solltest du bei der RAV gemeldet sein. Am besten online oder telefonisch bereits einige Tage davor. Dabei gibst du erste Informationen an: deine Personendaten, deine letzte Anstellung, den Kündigungsgrund. Daraufhin wird ein Beratungsgespräch vereinbart. Bei diesem ersten Gespräch geht es nicht darum, sofort einen neuen Job zu finden. Es geht darum, den Status zu klären. Du bringst mit:

Deinen aktuellen Lebenslauf. Die Kündigung oder das Auflösungsdokument. Einen Nachweis deiner letzten Lohnzahlungen. Die Anmeldung bei der Arbeitslosenkasse. Bereits versandte Bewerbungen (sofern vorhanden).

Ziel dieses Gesprächs ist die Definition deines „Vermittelbarkeitsprofils". Was kannst du? Was suchst du? Was ist realistisch? Man spricht über Branchen, Löhne, geografische Mobilität, Teilzeitoptionen, gesundheitliche Einschränkungen, Weiterbildungen. Und über Pflichten.

Rechte, Pflichten – und der Umgang damit.

Arbeitslosigkeit in der Schweiz ist mit Unterstützung verbunden – aber auch mit Regeln. Du erhältst Taggelder, wenn du aktiv an deiner Wiedereingliederung mitarbeitest. Dazu gehört:

das Schreiben einer festgelegten Anzahl von Bewerbungen pro Monat, die Teilnahme an zugewiesenen Massnahmen, die fristgerechte Einreichung aller Belege, die Meldepflicht bei Krankheit oder Verhinderung.

Für manche fühlt sich das nach Kontrolle an. Für andere ist es eine willkommene Struktur. In jedem Fall: Es ist ein System, das dich unterstützen soll, nicht kleinhalten. Auch wenn es nicht perfekt ist, ist es eines der sozial stabilsten Europas.

Wichtig ist, dass du von Anfang an transparent bist. Wenn du gesundheitliche oder psychische Belastungen mitbringst, sprich sie offen an. Wenn du dich in einem beruflichen Umbruch befindest, sage das. Dein RAV-Berater ist kein Gegner – sondern dein Ansprechpartner.

Der emotionale Moment: „Ich bin jetzt offiziell arbeitslos."

Es ist nicht die Anmeldung, die diesen Gedanken triggert – es ist der Moment, in dem du das Gebäude verlässt. Du hast Formulare abgegeben, dein Dossier liegt nun im System. Es ist Realität geworden. Und das kann schmerzen. Oder befreien.

Viele berichten nach dem ersten Termin von einer Mischung aus Klarheit und Unsicherheit. Das ist normal. Wichtig ist, dass du dich nicht überfordert fühlst. Du musst nicht alle Fragen auf einmal beantworten. Du musst nicht sofort den nächsten Job in Aussicht haben.

Was jetzt zählt, ist der Aufbau eines Rhythmus. Die ersten kleinen Schritte: Eine Übersicht deiner Bewerbungen. Eine wöchentliche To-do-Liste. Vielleicht ein kurzes Protokoll nach jedem RAV-Termin.

Es geht nicht darum, alles zu kontrollieren – sondern darum, Orientierung zu schaffen.

Der stille Wendepunkt.

Der erste Termin bei der RAV ist nicht spektakulär. Aber er ist ein Wendepunkt. Er markiert den Übergang von einem passiven Zustand („Ich habe meinen Job verloren") in einen aktiven („Ich bin auf dem Weg zurück"). Und dieser Perspektivenwechsel ist entscheidend.

Du beginnst, Einfluss zu nehmen. Nicht auf alles – aber auf das, was du tust. Wie du dich zeigst. Wie du dich organisierst.

Vielleicht ist es an diesem Tag hilfreich, dich abends hinzusetzen und drei Sätze zu formulieren:

Was habe ich heute erledigt?

Was hat sich geklärt?

Was brauche ich als Nächstes?

Das klingt banal – ist aber der Beginn eines selbstgesteuerten Prozesses. Und genau dieser Prozess macht aus Arbeitslosigkeit keine Krise, sondern einen Weg.

Notizen:

Kapitel 3: – Innere Stabilität: Zwischen Frust und Neuanfang

Ein stiller Druck – der emotionale Untergrund der Arbeitslosigkeit

Die äusseren Umstände mögen sich schnell geklärt haben: Du bist offiziell arbeitslos gemeldet, erste Termine bei der RAV sind gemacht, die wichtigsten Papiere eingereicht. Doch innerlich herrscht oft noch ein anderes Klima – eines, das sich nicht mit Formularen bewältigen lässt. Arbeitslosigkeit ist mehr als ein Zustand – sie ist eine emotionale Zumutung. Für viele beginnt in diesen Wochen ein innerer Prozess, der viel leiser und schwerer greifbar ist als die formalen Abläufe. Man fühlt sich entkoppelt. Von der Arbeitswelt, vom sozialen Rhythmus, manchmal sogar von sich selbst.

Und das hat Gründe.

Verlust von Struktur – mehr als „nur" Zeit.

Ein Job gibt nicht nur Lohn. Er gibt Struktur, Rhythmus, Ziel. Mit dem Verlust dieser Ordnung entsteht eine diffuse Leere. Man schläft anders. Man steht später auf – oder viel zu früh. Die Tage fliessen ineinander, werden beliebig.

Oft taucht schon nach wenigen Tagen eine tiefe Unruhe auf. Sie hat viele Gesichter: Gereiztheit. Schlaflosigkeit. Schuldgefühle. Grübeleien. Und oft die Frage: Was stimmt mit mir nicht? Doch die bessere Frage lautet: Was passiert da gerade in mir – und warum ist das normal?

Denn dieser Zustand ist keine Schwäche. Es ist eine natürliche Reaktion auf Kontrollverlust. Und genau deshalb braucht es jetzt keine Durchhalteparolen – sondern innere Stabilität. Stabilität beginnt im Kleinen – nicht im Denken, sondern im Tun. Viele versuchen, sich durch „Nachdenken" zu stabilisieren: sie analysieren, grübeln, planen, überdenken sich – und geraten immer tiefer in gedankliche Schleifen.

Was in dieser Phase aber wirklich hilft, ist etwas anderes: das Tun. Nicht in Form von Aktionismus, sondern durch kleine, verlässliche Handlungen, die dir wieder ein Gefühl von Einfluss geben.

Zum Beispiel:

Feste Aufstehzeit. Auch ohne Termin. Auch ohne Plan.

Morgendliches Ritual. Eine Tasse Tee, ein kurzes Tagebuch, eine Liste.

Täglicher Spaziergang. Dieselbe Strecke. Selbe Zeit. Eine Art Reset.

Ein klarer Arbeitsplatz. Auch wenn es nur ein Tisch in der Ecke ist – er markiert: Hier bin ich aktiv.

Diese einfachen Handlungen sind nicht banal. Sie sind hochwirksam, weil sie deinem Nervensystem Signale geben: Ich bin nicht ausgeliefert. Ich gestalte meinen Tag. Und das ist die Voraussetzung, um dich innerlich zu stabilisieren.

Die emotionale Berg- und Talfahrt.

In den ersten Wochen wechseln sich Zustände oft ab wie Aprilwetter: An einem Tag spürst du Zuversicht, am nächsten einen bleiernen Druck. Mal bist du voller Energie, mal fällt dir schon der Gang zur Post schwer. Dieses Auf und Ab ist kein Rückschritt. Es ist typisch für Übergangsphasen. Der Mensch ist ein Gewohnheitstier – und die Arbeitslosigkeit entreisst dir über Nacht Gewohntes: Kollegen, Tempo, Aufgaben, Sinn. Gerade Männer erleben diesen Verlust oft existenziell. Weil ihr Selbstwert jahrzehntelang an die Rolle des Versorgers geknüpft war – bewusst oder unbewusst. Aber auch Frauen erleben den Bruch: als Karriereknick, als Identitätsfrage, als soziale Unsichtbarkeit. Erkenne: Du bist nicht allein. Auch wenn es sich manchmal so anfühlt. Wenn Frust kippt – der stille Weg in die Depression.

Nicht jeder Frust wird zur Krise. Aber wenn Frustration über Wochen anhält, wenn du dich zurückziehst, Schuldgefühle dominieren, du morgens nicht mehr aus dem Bett kommst, dann kann aus der Lebenskrise eine depressive Phase werden.

Das ist kein Tabuthema. Und schon gar kein individuelles Versagen. Es ist ein Warnsignal. Und eines, auf das du hören solltest. Sprich mit vertrauten Menschen. Oder mit deinem RAV-Berater – offen und ehrlich. Die RAV kann psychologische Unterstützung vermitteln. Es gibt Coaching-Angebote, Unterstützungsprogramme, Beratung durch spezialisierte Stellen. Es ist kein Zeichen von Schwäche, sich Hilfe zu holen. Es ist ein Zeichen von Verantwortung – für dich selbst.

Wertbewusstsein statt Selbstoptimierung.

Oft wird in Ratgeberliteratur suggeriert, man solle diese Zeit „nutzen", sich weiterbilden, neu erfinden, effizient sein. Und ja – Weiterentwicklung ist wertvoll. Aber: Nicht jeder Mensch kann in der ersten Phase der Arbeitslosigkeit sofort auf „Zukunftsmodus" umschalten. Manchmal braucht es zuerst eine Phase des Verstehens, des Trauerns, der inneren Neuordnung. Diese Zeit ist nicht „verloren". Sie ist notwendig. Du darfst dir erlauben, nicht sofort zu funktionieren.

Was stattdessen hilft, ist ein anderer Fokus: Wertbewusstsein. Frag dich nicht sofort, „Was kann ich besser machen?" – sondern: „Was ist mir wirklich wichtig?" Werte wie Verlässlichkeit, Kreativität, Freiheit, Sicherheit, Entwicklung – sie sind das Fundament für alles, was später kommt. Wenn du weisst, was dir wirklich etwas bedeutet, kannst du Bewerbungen, Gespräche und Ziele darauf aufbauen. Authentisch, tragfähig, mit innerem Antrieb.

Der Coach in dir – leise, aber wirksam.

In dieser Phase darfst du anfangen, eine Haltung in dir zu entwickeln, die nicht strafen oder antreiben will – sondern begleiten. Stell dir vor, du wärst dein eigener Coach. Nicht der Kritiker. Nicht der Antreiber. Sondern derjenige, der fragt: „Was brauchst du heute – um stabil zu bleiben?"

Diese Haltung hilft. Denn sie gibt dir Spielraum. Sie erlaubt dir, dich zu beruhigen, zu sortieren, einen Schritt nach dem anderen zu machen – ohne ständig das grosse Ganze im Blick haben zu müssen.

Wenn du heute etwas für dich tust – etwas Kleines, etwas Echtes – dann ist das ein Anfang. Und mehr als das: Es ist ein Wiederbeginn.

Notizen:

Kapitel 4: – Die neue Tagesstruktur: Wie du dir Halt gibst, bevor ihn dir jemand gibt

Warum Struktur nicht Luxus ist – sondern Überlebensstrategie

Arbeitslosigkeit wirkt auf den ersten Blick wie eine Phase der Entlastung. Keine Termine, keine Pendelzeiten, kein Druck von aussen. Doch genau diese Freiheit kann tückisch sein. Denn sie löst eine zentrale Konstante des menschlichen Lebens auf: den Takt. Jahrelang hat dich ein Wecker aus dem Schlaf gerissen, ein Kalender deine Tage gegliedert, Meetings, Kunden, Vorgesetzte, Systeme deine Zeit definiert. Nun ist das alles weg – und übrig bleibt ein Tag, der dir vollständig gehört. Und das klingt besser, als es sich anfühlt. Denn der Mensch braucht Struktur wie ein Segelboot Wind: Ohne Richtung treibt es. Und das führt zu einem Gefühl von Orientierungslosigkeit, Antriebslosigkeit, im schlimmsten Fall zu schleichender Erschöpfung.

Eine neue Tagesstruktur ist kein Ersatz für Arbeit – aber ein Fundament. Sie ist nicht das Ziel, sondern das Instrument. Und sie hilft dir, die Kontrolle über das Einzige zu behalten, was dir niemand nehmen kann: deinen Tag.

Der gefährliche Sog der Beliebigkeit.

Es beginnt oft harmlos. Du schläfst etwas länger, nimmst das Frühstück mit aufs Sofa, scrollst durch dein Handy. Plötzlich ist es Mittag. Du schiebst Bewerbungen auf, weil „nach dem Essen" klingt wie ein guter Zeitpunkt. Doch dann meldet sich die Müdigkeit. Und ehe du dich versiehst, ist der Nachmittag vorbei – und mit ihm ein weiterer Tag, der nichts gebracht hat ausser einem schlechten Gewissen. Dieses Szenario ist kein persönliches Versagen.

Es ist das logische Ergebnis fehlender Struktur. Wo kein Rahmen ist, gibt es kein Mass. Wo keine Grenzen sind, da zerfliesst die Zeit. Deshalb ist Struktur nicht Kontrolle von aussen – sondern Schutz von innen. Dein persönlicher Wochenfahrplan – individuell, aber verlässlich. Die gute Nachricht: Du brauchst keinen minutiösen Tagesplan. Was du brauchst, ist ein verlässliches Grundgerüst. Eine Art Wochenfahrplan, der dir Halt gibt, ohne dich zu fesseln.

Ein solcher Plan kann in Blöcken organisiert sein:

Zeitblock	Inhalt
08:00–09:00	Aufstehen, Hygiene, Frühstück, kurzer Check-In mit dir selbst (Tagebuch, Gedanken, Ziel des Tages)

09:00–11:00 Bewerbungen, Recherche, Weiterbildungen, E-Mails

11:00–11:30 Bewegung (Spaziergang, Dehnübungen, kurze Sporteinheit)

11:30–13:00 Fortsetzung der Arbeitssuche, Telefonate, RAV-Anliegen, Gespräche

13:00–14:00 Mittagessen, Pause

14:00–16:00 Kreativzeit, Weiterbildung, Netzwerkarbeit oder freie Projekte

16:00–17:00 Reflexion des Tages, Vorbereitung auf morgen, Entspannung

Abends Soziale Kontakte pflegen, persönliche Interessen, Offline-Zeit

Das Entscheidende ist nicht, jeden Tag gleich zu gestalten – sondern jeden Tag bewusst zu beginnen. Du gibst deinem Tag eine Form. Und diese Form beginnt mit einem Ritual.

Morgendliches Ritual – der erste Hebel zur Stabilität.

Ein gutes Morgenritual muss nicht kompliziert sein. Aber es muss dir gehören. Ob du zehn Minuten in einem Notizbuch schreibst, ein Glas Wasser trinkst und drei tiefe Atemzüge nimmst oder dir bewusst die Kleidung für den Tag aussuchst – es geht darum, den Tag aktiv zu eröffnen.

Denn der Übergang vom Schlaf zur Handlung ist ein entscheidender Moment. Wer ihn bewusst gestaltet, bringt sich in Führung. Und genau das brauchst du jetzt: eine innere Haltung, die sagt „Ich bin verantwortlich für meinen Tag."

Bewerbungen sind Arbeit – also behandle sie auch so.

Viele erleben Bewerbungen als Nebensache. Ein paar Zeilen hier, ein PDF dort. Doch erfolgreiche Arbeitssuche ist ein Vollzeitprojekt. Sie verlangt Energie, Strategie und Durchhaltevermögen. Deshalb lohnt es sich, dafür feste Zeitfenster einzuplanen – mit Pausen, Zielvorgaben und Feedback.

Ein Tipp: Führe ein Bewerbungsjournal. Notiere, was du gemacht hast, welche Firmen du kontaktiert hast, wo du Rückmeldungen erhalten hast – und wie du dich dabei fühlst. So wird aus einer abstrakten Pflicht ein konkreter Prozess.

Bewegung ist keine Option – sondern Pflicht zur Selbstfürsorge.

Wer sich nicht bewegt, bewegt sich innerlich auch nicht. Gerade in Phasen der Unsicherheit ist körperliche Aktivität eine der effektivsten Methoden, den

Stresspegel zu senken, die Stimmung zu stabilisieren und das Selbstwertgefühl zu stärken.

Du musst kein Athlet werden. Ein täglicher Spaziergang, eine halbe Stunde Radfahren, Yoga auf der Matte oder ein flotter Gang zum Einkaufen reichen. Wichtig ist: regelmässig und verlässlich.

Setz dir einfache Ziele: 5.000 Schritte täglich. 20 Minuten an der frischen Luft. Eine halbe Stunde ohne Bildschirm. Diese Mini-Ziele geben dir ein Gefühl von Wirksamkeit – und du tust deinem Körper etwas Gutes.

Achte auf soziale Struktur – auch wenn du gerade keinen Kollegenkreis hast.

Einer der unterschätzten Aspekte der Arbeitslosigkeit ist die soziale Verarmung. Keine Kaffeepausen mehr, keine Teamgespräche, keine spontane Interaktion. Deshalb braucht es bewusste soziale Pflege.

Ruf regelmässig Freunde an. Verabrede dich zu Spaziergängen. Tausch dich mit anderen Arbeitssuchenden aus – vielleicht sogar über Gruppen oder Foren. Wichtig ist: du bleibst im Kontakt. Nicht nur mit anderen – sondern auch mit dir selbst.

Der Abend als Gegenpol – bewusst abschalten, nicht einfach nur auslaufen.

Viele lassen den Tag „auslaufen" – ohne Ritual, ohne Reflexion. Doch gerade in Zeiten der Neuorientierung ist ein bewusst gesetzter Tagesabschluss wichtig. Er markiert: Jetzt ist Feierabend. Jetzt bist du frei.

Ein Abendritual kann beinhalten:

Kurze Rückschau: Was habe ich heute geschafft?

Dankbarkeitsimpuls: Was war heute gut, auch wenn es klein war?

Vorbereitung auf morgen: Was steht an? Was lasse ich los?

Digital Detox: Eine Stunde ohne Bildschirm, dafür mit Musik, Buch oder Gespräch.

Struktur ist kein Dogma – sondern eine Haltung.

Du wirst nicht jeden Tag „schaffen". Es wird Durchhänger geben. Tage, an denen du die Struktur verlierst, nichts auf die Reihe bekommst, dich im Netz verlierst oder dich zurückziehst. Und das ist okay.

Wichtig ist nicht, perfekt zu funktionieren – sondern immer wieder zurückzukehren. Zurück zur Verantwortung. Zurück zu dir. Zurück zu deiner inneren Klarheit: Ich gebe meinem Tag eine Form. Nicht, weil ich muss – sondern weil ich es mir wert bin.

Notizen:

Kapitel 5: – Selbstbild und Würde: Warum du mehr bist als dein Jobtitel

Es gibt stille Verluste, die grösser sind, als sie scheinen. Einer davon ist der Verlust der beruflichen Rolle. Nicht, weil man damit bloss den Arbeitsplatz verliert. Sondern weil diese Rolle oft viel tiefer mit dem verbunden ist, was man über sich selbst glaubt. In einer Gesellschaft, die Leistung misst, Biografien ordnet und Lebensläufe wie Visitenkarten behandelt, bedeutet „Ich bin arbeitslos" nicht einfach nur ein Status. Es bedeutet: Ich bin aus dem Raster gefallen. Ich passe nicht mehr in die gängigen Fragen. Ich bin kein Teil des Systems, das mir gestern noch Struktur gab. Und plötzlich drängt sich eine neue, oft unangenehme Frage in den Alltag: Wer bin ich, wenn ich nicht arbeite?

Diese Frage ist nicht philosophisch gemeint. Sie ist existenziell. Sie trifft mitten ins Herz eines Selbstbildes, das sich über Jahre – manchmal Jahrzehnte – aufgebaut hat. Man hat sich definiert über Tätigkeiten, Titel, Aufgaben, Funktionen. Man war Projektleiter, Pflegefachfrau, Systemtechniker, Kommunikationsberaterin, Handwerker. Und plötzlich ist das weg. Nicht nur im Lebenslauf, sondern in der inneren Ordnung. Diese Leerstelle macht vielen Angst.

Denn sie konfrontiert mit etwas, das wir gerne vermeiden: mit dem Gedanken, dass wir vielleicht zu stark geworden sind, was wir getan haben – und zu wenig, wer wir sind. Doch in genau dieser Leere liegt auch eine leise Einladung. Keine einfache, keine willkommene. Aber eine, die Tiefe hat. Sie lautet: Lerne dich neu kennen. Nicht durch Optimierung. Nicht durch hektisches Suchen nach dem nächsten Etikett. Sondern durch ehrliches Hinsehen. Vielleicht ist dies die erste Zeit seit Langem, in der du wirklich mit dir selbst zu tun hast. Ohne das schützende Gerüst der Rolle. Ohne das tägliche Echo von Kollegen, Kunden, Leistung. Nur du – mit dir. Mit deiner Geschichte. Deinen Zweifeln. Deiner Würde. Und ja, dieses Wort verdient es, hier erwähnt zu werden: Würde. Sie ist das Erste, was wankt, wenn der Status fällt. Und sie ist das Wichtigste, das du dir bewahren solltest.

Denn deine Würde ist nicht gekoppelt an Anstellungen. Sie liegt in der Art, wie du mit dir sprichst, wenn niemand zuhört. In der Haltung, mit der du morgens aufstehst, obwohl kein Termin dich erwartet. In der Ruhe, mit der du dich anderen gegenüber erklärst, ohne dich zu rechtfertigen. Du bist nicht dein letzter Job. Nicht dein Lohnzettel. Nicht die Spalte in der Statistik. Du bist ein Mensch in Veränderung. Und das ist kein Makel. Es ist Teil der

Biografie, die Leben heisst. Viele Biografien grosser Menschen waren von Brüchen geprägt. Von Zwischenzeiten. Von unerwarteten Wegen. Man spricht später oft vom Mut, von der Entwicklung, vom „Wendepunkt". Aber in dem Moment selbst ist es vor allem eins: unbequem. Genau hier zeigt sich, wie tief dein Selbstbild reicht. Ob du dich mit dir selbst aushalten kannst, ohne Etikett. Ob du dich noch respektierst, wenn dich niemand braucht. Ob du innerlich stehenbleibst, wenn äussere Strukturen fallen. Das bedeutet nicht, alles gut zu finden.

Es bedeutet, sich nicht zu verlieren. Es bedeutet, sich nicht aufzugeben, nur weil die Welt gerade nichts von einem verlangt. Und es bedeutet, sich selbst mehr zu sein als der eigene Lebenslauf. Vielleicht wirst du in dieser Zeit entdecken, dass du Fähigkeiten hast, die nie in einem Profil standen. Dass du Qualitäten mitbringst, die keine Bewerbung je vollständig abbildet. Geduld, Mitgefühl, Reflexionsfähigkeit. Humor trotz Krise. Klarheit in der Stille.

Vielleicht wirst du Menschen begegnen – oder dir selbst – auf eine Weise, die im früheren Alltag nie möglich war. Das klingt romantisch, wenn man es liest. Es ist aber oft schlicht, rau und unspektakulär, wenn man es lebt. Es ist das leise Sortieren am Küchentisch. Das Aufrichten nach einer Absage. Der kurze Moment der Aufrichtigkeit, wenn dich jemand fragt, was du gerade machst, und du antwortest: „Ich bin auf dem Weg." Das Selbstbild in dieser Zeit muss nicht gross sein. Es muss echt sein. Es darf brüchig sein. Aber es soll dir gehören. Du bist nicht im Stillstand. Du bist in einer Zwischenzeit. Und das ist ein Teil deiner Geschichte, nicht ihr Ende. In einer Zeit, in der so viel über Selbstoptimierung gesprochen wird, brauchst du vielleicht nicht die bessere Version deiner selbst. Du brauchst die wahrhaftige. Die, die auch in der Leere Bestand hat.

Die, die nicht zusammenfällt, wenn das Aussen bricht. Du brauchst dich.

Notizen:

Notizen:

Kapitel 6: – Das Dossier: Wie du deinen Lebenslauf zum Werkzeug machst

Es ist eine seltsame Erfahrung, wenn man sich plötzlich wieder bewerben muss. Für viele ist das Schreiben eines Dossiers keine alltägliche Aufgabe, sondern eine Reise in die eigene Vergangenheit – oft begleitet von Unsicherheit, Scham, Stolz oder Frustration. Denn während man die Stationen auflistet, die Daten ordnet, die Rollen benennt, passiert etwas Unausgesprochenes: Man schaut sich selbst in die Augen, und das in einer Zeit, in der man am meisten zweifelt. Der Lebenslauf, so nüchtern er auch aussieht, ist nie neutral. Er erzählt nicht nur, was du getan hast – sondern auch, was du weggelassen hast. Was du verschweigst, was du betonst, was du lieber nicht genauer erklärst.

Er ist kein rein sachliches Dokument, sondern eine Auswahl, eine Perspektive. Und genau darin liegt seine Kraft – und seine Schwierigkeit. In der Arbeitslosigkeit wird das Dossier plötzlich zur Eintrittskarte in eine Welt, aus der man ausgeschlossen wurde.

Es wird zum Beweisstück, dass man dazugehört – oder wieder dazugehören möchte. Und diese Vorstellung setzt viele Menschen unter Druck. Man hat das Gefühl, sich beweisen zu müssen. Wieder und wieder. Jeder Satz, jedes Stichwort wird zur Frage: Reiche ich? Genüge ich? Ist das, was ich war, auch das, was ich sein darf? Aber ein gutes Dossier beginnt nicht mit Word oder einem Bewerbungsfoto. Es beginnt mit der Haltung. Mit der inneren Entscheidung, sich nicht zu verbiegen. Nicht in einem Sinne von Stolz oder Starrsinn – sondern in dem tiefen Bewusstsein, dass das, was du kannst, einen Wert hat. Auch wenn du gerade nicht gebraucht wirst. Auch wenn du zweifelst. Auch wenn du Absagen bekommst. Ein Lebenslauf ist kein Beichtzettel.

Er ist auch keine Heldenreise. Er ist ein Werkzeug – für dich, nicht gegen dich. Er ist kein vollständiges Bild deiner Persönlichkeit, aber er ist eine Einladung, dich näher kennenzulernen. Nicht als perfekte Figur mit lückenloser Erfolgsbilanz, sondern als Mensch mit Stationen, Richtungen, Brüchen, Wiederanfängen. Und das gilt ganz besonders im Jahr 2025. Die Arbeitswelt hat sich verändert.

Karrieren verlaufen seltener linear. Projektarbeit, temporäre Anstellungen, Umschulungen, Branchenwechsel – all das ist längst nicht mehr exotisch, sondern Realität. Ein Lebenslauf mit Sprüngen ist heute oft authentischer als ein nahtloser Pfad. Die Frage ist nicht, ob du Lücken hast, sondern ob du erklären kannst, wer du bist. Und warum du dich bewegst. In dieser Zeit ist es hilfreich, den

Lebenslauf nicht als Bewerbungsschreiben zu sehen, sondern als Spiegel. Was siehst du, wenn du dich betrachtest – nicht nur als Bewerber, sondern als Person mit Geschichte? Was ergibt für dich einen roten Faden, auch wenn er nicht auf den ersten Blick sichtbar ist? Vielleicht wird dir beim Schreiben klar, wie viel du eigentlich schon gemacht hast – und wie wenig du dir dafür Anerkennung gibst.

Vielleicht siehst du, dass du Fähigkeiten hast, die bisher unter dem Radar liefen: Führen ohne Titel. Organisieren in komplexen Situationen. Lernen unter Druck. Vielleicht erkennst du sogar, dass du in manchen Phasen mehr gewachsen bist als in anderen – gerade in denen, in denen es nicht glänzte.

Ein starkes Dossier macht keine Versprechungen. Es überhöht nichts. Aber es spricht in einem klaren, aufrechten Ton. Es sagt: Das bin ich. Das bringe ich mit. Das suche ich. Nicht mehr. Aber auch nicht weniger. Dazu gehört auch die Reflexion: Was willst du wirklich kommunizieren? Welche Sprache entspricht dir? Welche Begriffe zeigen nicht nur, was du getan hast – sondern auch, wie du denkst? Viele Bewerbungsunterlagen klingen formelhaft, weil sie sich nach dem richten, was „gut ankommt". Aber vielleicht ist genau das Gegenteil richtig: sich so zu zeigen, wie man ist. Klar. Sachlich. Echt. Wer dich aufgrund eines echten, klaren Dossiers einlädt, will dich kennenlernen – und nicht eine Fassade.

Es mag paradox klingen: Aber gerade in der Arbeitslosigkeit, wo man sich am verletzlichsten fühlt, entsteht die Möglichkeit, sich so zu zeigen, wie man wirklich ist – nicht als Reaktion auf Anforderungen, sondern aus Überzeugung. Das Dossier wird dann nicht mehr zum Bittstellerpapier, sondern zum Werkzeug der Kommunikation: Dies bin ich.

Und das will ich tun. Und ja – du wirst es mehrfach überarbeiten. Du wirst neu formulieren, streichen, hinzufügen. Vielleicht wirst du dich über deine eigene Sprache wundern. Oder über die Leere, wenn du etwas nicht erklären kannst. Das ist Teil des Prozesses. Es geht nicht um Perfektion. Es geht um Klarheit. Wenn du am Ende auf dein Dossier blickst und sagen kannst: Das bin ich, ohne Maske, ohne Angeberei, aber mit Würde – dann hast du mehr erreicht als viele, die in Anstellung sind. Dann hast du begonnen, dich selbst als Subjekt deiner Geschichte zu sehen – nicht als Opfer der Umstände.

Das Bewerbungsdossier ist kein Dokument über deine Vergangenheit. Es ist eine Botschaft an die Zukunft. Und die schreibst du – nicht als Funktion – sondern als Mensch.

Notizen:

Kapitel 7: – Jobportale, Kontakte, Netzwerke: Die neue Suchrealität 2025

In den ersten Wochen der Arbeitslosigkeit wird oft viel über Bewerbungen gesprochen. Über den Lebenslauf, das Dossier, über Fristen, Anforderungen, Profile. Doch was im Stillen mitschwingt, ist die eigentliche Frage: Wo finde ich Arbeit? Und damit verbunden: Wo fängt man überhaupt an zu suchen, wenn sich der Arbeitsmarkt ständig verändert?

Die Vorstellung, dass man einfach ein paar Portale durchforstet, ein paar Bewerbungen verschickt und dann nur noch warten muss, gehört in eine andere Zeit. Die Realität der Arbeitssuche im Jahr 2025 ist komplexer, dynamischer – und manchmal auch widersprüchlich. Es gibt kein zentrales Schaufenster mehr, in dem alle Angebote fein säuberlich nebeneinanderstehen. Stattdessen existiert ein unübersichtliches Zusammenspiel aus Plattformen, Algorithmen, automatisierten Systemen, persönlichen Kontakten, Empfehlungen, informellen Kanälen – und der entscheidenden Frage, wie sichtbar man selbst darin wird. Wenn man beginnt, sich in dieser neuen Landschaft zu bewegen, spürt man schnell: Es reicht nicht, „aktiv" zu suchen. Man muss verstehen, wie die Arbeit heute gefunden wird. Es ist ein

Umdenken nötig. Weg vom passiven Durchscrollen – hin zur strategischen Sichtbarkeit. Und das bedeutet: Du wirst nicht nur gesucht – du wirst auch beobachtet. Plattformen wie LinkedIn sind längst nicht mehr nur digitale Visitenkarten. Sie sind Marktplätze für Wahrnehmung. Jeder Eintrag, jede Aktivität, jedes Signal, das du dort sendest, wird Teil deines beruflichen Profils – auch jenseits deines offiziellen Dossiers. Es reicht also nicht, dort ein Konto zu haben. Du musst es gestalten. Mit Leben füllen.

Und das heisst nicht, dass du ständig posten oder dich inszenieren sollst. Es heisst, dass du deine berufliche Identität selbst formulierst – auch wenn sie gerade in der Schwebe ist. Gerade diese Schwebe ist es, die Mut erfordert. Denn während man offiziell als „arbeitssuchend" gemeldet ist, fühlt man sich oft auch persönlich suchend. Man weiss nicht immer genau, wohin man will. Und gleichzeitig erwarten die Portale, dass man sich als klar positioniert.

Das ist ein Widerspruch, den du nicht auflösen musst – aber anerkennen. Du darfst sagen: „Ich bin in einer Übergangsphase. Ich bringe Erfahrung mit – und bin offen für Neues." Du darfst sichtbar sein, auch ohne fertige Antwort. Denn wer sichtbar ist, wird gefunden. Und wer gefunden wird, hat Chancen, von denen andere nichts wissen. Doch nicht nur online entscheidet sich die Arbeitssuche.

Vielleicht sogar mehr noch als in früheren Zeiten gewinnt das Persönliche an Bedeutung – gerade weil das Digitale so überfüllt ist. Der sogenannte „verdeckte Arbeitsmarkt" – also all jene Stellen, die nie ausgeschrieben werden – ist nicht nur ein Mythos.

Er ist real. Und er basiert auf Vertrauen. Auf Begegnung. Auf dem einen Gespräch beim Kaffee, der beiläufigen Erwähnung bei einem ehemaligen Kollegen, dem Kontakt aus einem früheren Projekt, den man schon fast vergessen hatte. Es gibt Menschen, die nach Monaten des Suchens plötzlich in einer unerwarteten Mail eine Tür geöffnet bekommen. Nicht, weil sie am lautesten waren. Sondern weil sie dranblieben. Weil sie nicht nur Bewerbungen schrieben – sondern Beziehungen pflegten.

Und weil sie verstanden haben, dass Netzwerke keine Ausbeutungssysteme sind, sondern menschliche Gewebe. Wer sich darin ehrlich bewegt, nicht nur mit Absicht, sondern mit Haltung, erfährt oft Rückhalt – auch von unerwarteter Seite. Doch dieses Netzwerken will gelernt sein. Es ist kein taktisches Manöver, sondern eine Haltung. Es beginnt damit, sich selbst zu erlauben, sichtbar zu sein – auch in der eigenen Verletzlichkeit. Zu sagen: „Ich suche." Ohne dabei zu jammern. Und auch ohne sich zu schämen. Denn Arbeit zu suchen ist kein Makel – es ist Teil eines beruflichen Lebens, das sich ständig neu sortiert. In dieser neuen Realität bedeutet „suchen" nicht mehr nur, auf Inserate zu reagieren. Es bedeutet, aktiv zu gestalten. Die eigene Online-Präsenz zu pflegen. Mit Menschen zu sprechen. Auf Messen zu gehen. Veranstaltungen zu besuchen, auch wenn man sich dort vielleicht fremd fühlt. Es bedeutet, den Mut aufzubringen, Gespräche zu führen, ohne sofort ein Angebot zu erwarten. Es bedeutet, zu geben, bevor man nimmt.

Und es bedeutet, sich innerlich darauf einzustellen, dass dieser Weg kein linearer ist. Viele Tage werden leer erscheinen. Du wirst auf Bewerbungen keine Antwort erhalten. Du wirst Menschen kontaktieren, die sich nicht zurückmelden. Und du wirst zweifeln, ob das alles überhaupt Sinn ergibt. Doch was du in diesen Phasen nicht siehst, ist das, was unter der Oberfläche passiert. Jedes Gespräch, jeder Beitrag, jede bewusste Positionierung legt Spuren.

Und manchmal führt eine dieser Spuren an einen Ort, den du heute noch nicht kennst. Die neue Suchrealität ist kein Spielfeld mit klaren Regeln. Sie ist ein offenes Terrain. Und du bist kein Bittsteller, sondern ein Mensch mit Fähigkeiten, Haltung und Geschichte. Wenn du dich als solchen begreifst, wird deine Suche nicht zum Rennen – sondern zu einer Bewegung, in der du dir selbst treu bleiben kannst.

Das Ziel ist nicht, dich anzupassen, bis du gefällst.
Das Ziel ist, dich zu zeigen, bis du passt.

Notizen:

Notizen:

Kapitel 8: – Zwischen Pflicht und Chance: Der Umgang mit zugewiesenen Kursen

Irgendwann kommt der Moment, in dem man nicht mehr nur Bewerbungen schreibt oder mit sich selbst ringt – sondern Post bekommt. Ein offizielles Schreiben. Absender: RAV. Betreff: „Zuweisung zu einer arbeitsmarktlichen Massnahme". Es ist kein Vorschlag. Es ist eine Anordnung. Und es löst etwas aus. In vielen Fällen ist der erste Impuls ein innerer Widerstand. Man fühlt sich fremdbestimmt, bevormundet. Man hat das Gefühl, bewertet zu werden – als nicht aktiv genug, nicht effizient genug, nicht gut genug. Und dann soll man in einen Kurs. Einen Kurs, der vielleicht nicht passt. Der zeitlich eingreift.

Der das Gefühl verstärkt, nicht mehr Herr oder Frau der eigenen Zeit zu sein. Was in diesen Momenten passiert, ist oft mehr als nur eine Reaktion auf Bürokratie. Es ist ein tiefes Echo auf die erlebte Kränkung, arbeitslos zu sein – und jetzt auch noch in ein System eingepasst zu werden, das einem vorschreibt, wie man sich zu verbessern hat. Es kratzt an der Selbstachtung. Es stellt die Frage: Traut man mir nichts zu? Gleichzeitig steht da ein System, das sich bemüht, möglichst viele Menschen möglichst effizient wieder in Beschäftigung zu bringen. Und dafür braucht es Instrumente. Kurse. Programme. Trainings. Manches davon ist sinnvoll, manches wirkt schematisch. Manches ist gut gemeint, manches wirkt wie ein Pflichtprogramm, das mehr über das System sagt als über den Einzelnen. Wie also umgehen mit solchen Massnahmen? Wie die Würde behalten in einem Prozess, der nicht freiwillig beginnt? Zunächst darf man sich erlauben, zu fühlen, was da ist. Ablehnung, Widerstand, Ärger – sie sind menschlich. Niemand ist begeistert, wenn ihm fremde Zeitpläne und Inhalte aufgedrückt werden. Schon gar nicht in einer Phase, in der man ohnehin mit Verlust, Unsicherheit und Selbstzweifeln zu kämpfen hat. Doch genau da beginnt der eigentliche Spielraum. Denn jede Reaktion, so verständlich sie ist, öffnet auch eine Frage: Wofür will ich diese Zeit nutzen – ganz gleich, wie sie von aussen aussieht? Ein Kurs, der auf dem Papier wie eine lästige Pflicht wirkt, kann zu einem Spiegel werden.

Nicht unbedingt, weil seine Inhalte bahnbrechend wären. Sondern weil du dich selbst darin beobachten kannst: Wie gehst du mit Autorität um? Mit Unfreiheit? Mit Gruppensituationen? Mit Menschen, die dich nicht kennen, aber dennoch einschätzen? Mit Übungen, die banal wirken, aber dich an frühere Erfahrungen erinnern? Diese Reflexion macht den Unterschied. Nicht der Kurs verändert dich – sondern die Art, wie du dich darin bewegst. Du kannst dich innerlich querstellen, dich abschotten, dich durchmogeln. Oder du kannst – ganz bewusst – einen anderen Weg gehen. Den Weg des aufrechten Teilnehmers. Nicht angepasst, nicht unterwürfig, sondern innerlich wach. Mit einem klaren Ziel: Nicht sich „trainieren" zu lassen, sondern zu erkennen, was du für dich brauchst. Vielleicht merkst du, dass du etwas längst konntest, was dir niemand bescheinigt hat. Vielleicht findest du Sprache für etwas, das dir bisher unbewusst war.

Vielleicht hörst du von einem anderen Teilnehmenden eine Geschichte, die dich berührt. Vielleicht erlebst du zum ersten Mal seit Monaten wieder das Gefühl, Teil von etwas zu sein – auch wenn es nur vorübergehend ist. Nicht jeder Kurs wird nützlich sein. Manche sind veraltet, manche scheitern an ihrer Umsetzung, manche laufen ins Leere.

Aber selbst dann kannst du entscheiden, ob du deine Zeit verschwendet fühlst – oder ob du sie nutzt. Du kannst Fragen stellen, Verbindungen knüpfen, Beobachtungen machen. Du kannst dich erinnern, wie es war, im Austausch zu sein. Nicht in einem Bewerbungsgespräch, sondern in einem Raum, in dem Menschen sitzen, die ebenfalls suchen, zweifeln, hoffen. In der Arbeitslosigkeit geht es oft nicht um Effizienz – sondern um Haltung. Und

Haltung zeigt sich besonders dann, wenn du nicht alles selbst steuerst. Wenn du eingeladen bist, dich zu zeigen, obwohl du dich nicht in Bestform fühlst. Wenn du lernen sollst, obwohl du lieber handeln würdest. Wenn du akzeptierst, was du nicht gewählt hast – und daraus dennoch etwas Eigenes machst. Manchmal liegt in solchen Momenten ein leiser Stolz. Ein inneres Aufrichten. Weil du nicht mehr kämpfst – sondern dich einlässt. Nicht naiv, nicht kritiklos. Aber offen. Bereit, zu schauen, was sich zeigt. Bereit, in der Pflicht das Eigene zu finden.

Denn letztlich entscheidet nicht das Programm, was du daraus machst. Sondern du. Deine Haltung. Dein Blick. Dein Mut, dich nicht als Fall zu sehen, sondern als Mensch. Mit Geschichte. Mit Fähigkeit. Mit der Freiheit, in jeder noch so fremden Umgebung bei dir zu bleiben. Du kannst lernen – auch wenn du es nicht musst. Du kannst wachsen – auch wenn niemand es erwartet. Und du kannst in einer Massnahme, die dir fremd erscheint, etwas entdecken, das dir gehört: ein neuer Gedanke. Ein alter Traum.

Eine Erinnerung an das, was du wirklich willst. Und vielleicht ist genau das der erste Schritt zurück. Nicht in den alten Job. Sondern in ein neues Verhältnis zu dir selbst.

Notizen:

Notizen:

Kapitel 9: – Das Gespräch mit dem RAV-Berater: Erwartungen und Möglichkeiten

Wenn man über Arbeit spricht, spricht man selten über Behördengespräche. Und doch ist genau das in der Arbeitslosigkeit eine wiederkehrende Realität. Alle paar Wochen sitzt man einem Menschen gegenüber, den man sich nicht ausgesucht hat – und der über einen Teil der eigenen Gegenwart und Zukunft mitentscheiden wird. Das Gespräch mit der RAV-Beratungsperson ist kein blosser Verwaltungskontakt. Es ist, ob man es will oder nicht, eine Bühne, auf der sich viele Spannungen verdichten.

Da ist auf der einen Seite der Ratsuchende, manchmal müde, manchmal innerlich aufgewühlt, oft mit mehr Fragen als Antworten. Auf der anderen Seite die Beraterin oder der Berater, mit einem Stapel Akten, begrenzter Zeit, viel Erfahrung, aber auch mit Regeln, die nicht verhandelbar sind. Und zwischen diesen beiden Menschen entsteht eine Beziehung – nicht immer tief, nicht immer harmonisch, aber bedeutsam. Denn dieses Gespräch wird für dich zu einem der wenigen Fixpunkte in einer Zeit, in der sonst vieles ins Rutschen geraten ist. Man geht nicht freiwillig dorthin. Und doch trägt dieser Ort etwas in sich, das über das Büro hinausreicht. Denn

wie oft in unserem Leben sitzen wir jemandem gegenüber und sprechen so offen über das, was wir
können, was wir hoffen, was wir verpasst haben?
Wie oft werden wir gefragt – manchmal fordernd,
manchmal unterstützend – was wir wollen? Und
wie oft stellen wir uns selbst diese Frage mit der ge-
botenen Ernsthaftigkeit? Ein gutes RAV-Gespräch
beginnt nicht erst im Raum. Es beginnt Tage davor
– mit der inneren Haltung, mit der man hingeht.

Geht man als Bittsteller? Als Pflichtbewusster? Als
Widerspenstiger? Oder als Mensch, der bereit ist,
mit klarem Blick und offenem Herzen zu zeigen:
Hier bin ich. Ich habe Verantwortung übernommen.
Und ich suche Unterstützung, ohne meine Eigen-
ständigkeit aufzugeben. Diese innere Positionierung ist entscheidend. Denn so wie du den Berater
siehst, sieht er auch dich. Nicht im moralischen
Sinne, sondern im zwischenmenschlichen.

Menschen spüren, wie sie wahrgenommen werden.
Wenn du in der Haltung kommst: „Ich weiss, was ich
will, aber ich brauche einen Spiegel" – dann entsteht ein anderes Gespräch, als wenn du dich innerlich klein machst oder nur erwartest, dass jemand
anders dir Lösungen anbietet.

Das RAV ist kein Coachingbüro. Es ist eine Verwal-
tungsstelle, eingebettet in Vorgaben, Normen,

digitale Systeme. Aber in all dem gibt es Menschen. Und jeder Mensch, der dort sitzt, hat eigene Erfahrungen. Einige arbeiten mit vollem Herzblut, andere sind dienstmüde. Manche haben Verständnis, andere halten sich stur an Richtlinien. Das kannst du nicht steuern. Aber du kannst steuern, wie du reagierst. Vielleicht wirst du einmal jemandem gegenüber sitzen, der dich nicht versteht. Der deine Lebenssituation zu schematisch sieht.

Der dir Standardantworten gibt. Und vielleicht wirst du versucht sein, dich zurückzuziehen, dich zu ärgern, dich zu verweigern. Doch genau hier liegt dein Spielraum. Nicht im Widerstand, sondern in der Klarheit. Du kannst ruhig bleiben. Du kannst respektvoll bleiben. Du kannst sagen, was du brauchst. Und du kannst dokumentieren, was geschieht.

Denn auch das ist ein Teil von Würde: sich nicht aufreiben zu lassen, sondern Position zu beziehen – mit Sprache statt mit Trotz. Aber vielleicht geschieht auch das Gegenteil: Du triffst auf jemanden, der zuhört. Der nachfragt. Der zwischen den Zeilen liest. Der spürt, dass hinter deinem Dossier ein Mensch sitzt, kein Fall. Und dann öffnet sich plötzlich etwas, was im Behördensystem selten ist: Vertrauen. Dann wird aus dem Gespräch mehr als ein Kontrollpunkt. Dann wird es ein Dialog. Dann kann es sein, dass du Sätze sagst, die du selbst lange nicht ausgesprochen hast. Dass du ein Ziel formulierst, das du bisher nicht gewagt hast zu denken. Dass du gehört wirst – und dich selbst wieder hörst. Diese Gespräche sind selten spektakulär. Und doch tragen sie die Möglichkeit in sich, ein wenig Ordnung in das Chaos zu bringen, das innere und äussere. Denn manchmal reicht ein kurzer Satz, eine neue Perspektive, eine andere Deutung deiner Situation – und du erkennst, dass du weiter bist, als du dachtest.

Ein Gespräch bei der RAV wird nie die ganze Tiefe deiner Biografie erfassen. Es wird nie all deine Fähigkeiten auflisten können. Aber es kann ein Ort sein, an dem du beginnst, dich neu zu formulieren. Nicht als jemand, der gefallen muss. Sondern als jemand, der bereit ist, auf Augenhöhe zu sprechen – über Arbeit, über Ziele, über Möglichkeiten. Und über die Wege, die dahin führen, auch wenn sie noch nicht ganz sichtbar sind. Das erfordert Mut.

Und manchmal Geduld. Man wird dich nicht immer verstehen. Man wird dich nicht immer fördern. Aber du kannst in jedem Gespräch etwas für dich gewinnen. Eine Erkenntnis. Eine Entscheidung. Oder einfach nur das stille Gefühl, dass du dich nicht verloren hast in einem System, das dich zu sortieren versucht. Manchmal, am Ende eines solchen Gesprächs, steht nicht die Lösung. Sondern ein ruhiger Blick. Ein Aufstehen mit mehr Klarheit als vorher. Ein Gang zurück in deinen Tag, mit dem Wissen: Ich habe mich gezeigt. Ich bin dran geblieben. Ich habe nicht gewartet, bis etwas geschieht – ich habe mitgestaltet. Und das ist vielleicht mehr, als man erwarten darf – aber genau das, was man sich selbst schuldig ist.

Notizen:

Notizen:

Kapitel 10: – Wenn das Geld knapp wird: Umgang mit Druck und Existenzängsten

Es gibt Momente, in denen der Tag nicht mit Gedanken beginnt, sondern mit einem Druck in der Brust. Kein Gedanke, kein Satz – nur ein dumpfes Gewicht. Und während draussen der Morgen anbricht, beginnen im Inneren Fragen zu kreisen, die kein Licht vertragen: Wie lange reicht das noch? Was ist, wenn der nächste Monat kommt – und nichts sich verändert hat? Was ist, wenn ich es nicht schaffe?

Wenn das Geld knapp wird, wird die Arbeitslosigkeit endgültig real. Nicht mehr nur ein Zustand, sondern eine Kraft, die ins Leben drängt, in die Entscheidungen, in die Sprache, in die Beziehungen. Es ist, als würde die Zeit lauter ticken. Als würde jeder Einkauf zum Balanceakt, jeder Blick ins Konto zum Spiegel einer stillen Bedrohung. Und mit der Zahl auf dem Bildschirm schrumpft nicht nur das Guthaben, sondern auch das Gefühl von Sicherheit, von Würde, von innerer Ruhe. Diese Erfahrung ist nicht abstrakt. Sie ist zutiefst körperlich. Sie wirkt sich aus auf den Schlaf, auf die Haltung, auf den Umgang mit sich selbst. Plötzlich wird alles eng: der Raum, der Atem, die Gedanken. Man wägt ab, verzichtet, rechnet nach. Und irgendwann beginnt das Leben sich um Geld zu drehen – obwohl man weiss, dass es sich eigentlich um anderes drehen sollte: um Sinn, um Entwicklung, um Orientierung. Aber das Geld fehlt. Oder wird knapp. Oder reicht nur noch mit Tricks, mit Verzögerungen, mit Geliehenem, mit innerlichem Zusammenbeissen. Und dieser Mangel hat nichts Edles. Er ist nicht romantisch. Er ist nicht lehrreich. Er ist hart. Und er macht etwas mit einem. Denn sobald das Geld schwindet, beginnt sich auch das Selbstbild zu verändern. Man fühlt sich nicht mehr nur arbeitslos – man fühlt sich arm. Nicht in absoluten Zahlen, sondern im Verhältnis. Im Blick auf andere. Im Blick auf sich selbst.

In der stillen Scham, sich etwas nicht leisten zu können. In der Unsichtbarkeit in Cafés, auf Events, in Gesprächen, in denen es um Urlaube geht, um Projekte, um Konsum. Und mit dieser Scham kommt oft das Schweigen. Man beginnt, sich zurückzuziehen. Vermeidet Einladungen. Lässt Treffen ausfallen. Nicht nur, weil es teuer ist – sondern weil es weh tut, zu erklären, warum man gerade nicht kann. Nicht kann im ganz wörtlichen Sinn. Nicht weil man nicht will. Sondern weil der Preis für ein Abendessen plötzlich in Konkurrenz steht zum Wocheneinkauf. Dieser Rückzug ist gefährlich. Denn er isoliert. Und in der Isolation wächst das Gefühl, versagt zu haben. Die Angst, den sozialen Halt zu verlieren, kommt hinzu zur finanziellen Angst. Und das erzeugt Druck. Nicht Druck im Sinn von Motivation – sondern Druck im Sinn von innerer Enge, Atemnot, Hilflosigkeit. Viele Menschen, die diesen Zustand erleben, schämen sich. Sie versuchen, stark zu bleiben, sich nichts anmerken zu lassen.

Sie kämpfen im Stillen. Und verlieren dabei oft sich selbst – in einem Kampf, der nicht sichtbar ist, aber umso härter. Sie durchforsten Wohnungsanzeigen, weil ihre Miete nicht mehr zu ihrem Leben passt. Sie essen günstiger, trinken mehr Kaffee und weniger Gespräche. Sie sagen sich: Es ist nur eine Phase. Und hoffen, dass niemand merkt, wie nah sie manchmal am Rand stehen. Doch in dieser Lage liegt auch ein entscheidender Moment.

Der Moment, an dem man sich entscheiden kann, diesen Zustand nicht zu verstecken – sondern ihm zu begegnen. Nicht im Alleingang. Sondern mit dem Mut, ihn anzusprechen. Mit einer Beraterin, einem Freund, einer Fachstelle, einer Institution. Denn so sehr Scham auch lähmt – Offenheit entlastet.

Es gibt Wege durch diese Zeit. Es gibt finanzielle Unterstützungen, Überbrückungshilfen, Mietreduktionen, Sozialfonds, Beratungen. Nicht immer sofort, nicht immer unkompliziert. Aber sie existieren. Und sie werden oft nicht genutzt, weil Menschen zu lange warten. Weil sie das Gefühl haben, versagt zu haben, wenn sie Hilfe in Anspruch nehmen. Doch das Gegenteil ist der Fall: Wer Hilfe sucht, zeigt Verantwortung. Für sich, für sein Leben, für seine Zukunft. Und vielleicht liegt in dieser Phase, so schwer sie auch ist, eine neue Wahrheit: dass Wert nicht vom Kontostand abhängt. Dass ein Mensch auch dann integer sein kann, wenn er sich nichts leisten kann. Dass Würde nicht an Wohlstand gebunden ist – sondern an die Art, wie man sich selbst begegnet.

In der Not. In der Angst. Im Zweifel. Und dennoch sagt: Ich bin noch hier. Ich gehe weiter. Diese Haltung verändert den Blick. Sie macht aus der Krise keinen Segen – aber eine Bewährungsprobe. Sie lässt dich wach bleiben, auch wenn die Nächte unruhig sind. Sie bringt dich vielleicht dazu, wieder zu schreiben. Zu rechnen. Zu fragen. Zu bitten. Nicht als Schwäche. Sondern als Stärke, zu wissen: Ich darf verletzlich sein – und dennoch handeln.

Wenn das Geld knapp wird, verändert sich vieles. Aber du kannst entscheiden, was sich nicht verändern soll. Deine Haltung. Dein Mut. Deine Stimme. Dein Herz. Auch wenn es schwer ist. Gerade dann. Denn vielleicht ist das die tiefste Wahrheit dieser Zeit: Dass du nicht das bist, was du besitzt. Sondern das, was du dir selbst bewahrst – wenn alles andere knapp wird.

Notizen:

Kapitel 11: – Der verdeckte Arbeitsmarkt: Wie du Chancen erkennst, bevor sie ausgeschrieben sind

Es gibt Räume, die tauchen in keiner Statistik auf. Es gibt Bewegungen, die man nicht messen kann. Und es gibt Wege, die man nicht erkennt, solange man auf Schilder wartet. Der sogenannte „verdeckte Arbeitsmarkt" ist einer dieser Räume. Er erscheint wie ein Gerücht, eine graue Zone, ein Flüstern hinter den Kulissen. Doch je länger man sich mit ihm beschäftigt, desto mehr versteht man: Er ist nicht versteckt – er ist nur nicht sichtbar für diejenigen, die auf Offensichtlichkeit warten. Wenn man arbeitslos wird, begibt man sich automatisch in die Sphäre des sichtbaren Arbeitsmarkts. Man sucht auf Plattformen, scrollt durch Inserate, schreibt Bewerbungen auf offene Stellen. Und es fühlt sich an, als würde man aktiv sein, als hätte man die Sache in der Hand.

Doch oft geschieht das Gegenteil: Man wird Teil eines Systems, in dem Sichtbarkeit mit Überangebot kollidiert. In dem jede Stelle, die öffentlich erscheint, binnen Stunden dutzende, manchmal hunderte Bewerbungen erhält. Und in dem man, selbst mit bestem Dossier, zu einer Zahl wird – austauschbar, anonym, wartend. Der verdeckte Arbeitsmarkt funktioniert anders. Er beginnt nicht mit einem

Inserat. Er beginnt mit einem Gedanken. Mit einem Gespräch. Mit einer Beobachtung in einem Unternehmen: „Wir sollten jemanden haben, der sich darum kümmert." „Vielleicht brauchen wir bald Verstärkung." „Wenn wir wüssten, wer passen könnte …" Und in diesem Zwischenraum, zwischen Bedarf und Entscheidung, zwischen Idee und Umsetzung, liegt die eigentliche Tür – offen für diejenigen, die nicht nur suchen, sondern sehen. Denn in Wahrheit entstehen die meisten Arbeitsplätze nicht aus Plan, sondern aus Bewegung. Projekte wachsen.

Menschen gehen. Märkte ändern sich. Und in diesen Übergängen werden Lücken spürbar. Nicht immer sofort. Nicht immer konkret. Aber sie existieren. Und genau dort beginnt die Chance für all jene, die nicht nur reagieren, sondern sich zeigen – bevor es offiziell wird. Das bedeutet nicht, dass man aggressiv auftreten muss. Es bedeutet, dass man wahrnimmt, wo etwas möglich ist.

Und diese Wahrnehmung hat weniger mit Strategie zu tun als mit Aufmerksamkeit. Man hört zu. Man liest zwischen den Zeilen. Man ist interessiert – nicht nur an Stellen, sondern an Menschen. An ihren Geschichten. An ihren Bedarfen. An ihren Widersprüchen. Vielleicht erzählt dir ein Bekannter, dass sein Unternehmen gerade intern über eine neue Abteilung nachdenkt. Vielleicht hörst du von einer Kollegin, dass in ihrer Firma jemand in Pension geht, aber noch keine Nachfolge geplant ist. Vielleicht liest du einen Artikel über eine Branche, die wächst – und du spürst: Dort passiert etwas. Und dann beginnt der eigentliche Schritt: Nicht zu warten, bis eine Stelle ausgeschrieben ist. Sondern dich zu melden, zu schreiben, zu fragen – nicht mit dem Satz: „Haben Sie eine Stelle für mich?", sondern mit dem Gedanken: „Ich habe etwas, das zu Ihrer Entwicklung passen könnte." Dieser Perspektivwechsel ist entscheidend. Du bist nicht Bittsteller.

Du bist Beitrag. Du sprichst nicht in der Sprache der Bewerbung – sondern der Verbindung. Und das braucht Mut. Denn es gibt keine Garantie. Vielleicht bekommst du keine Antwort. Vielleicht wirst du vertröstet. Vielleicht sogar ignoriert. Aber vielleicht geschieht auch das Gegenteil: Man merkt, dass du siehst, was noch nicht ausgesprochen wurde.

Und dass du es ernst meinst. Der verdeckte Arbeitsmarkt lebt nicht von Profilen – sondern von Beziehungen. Von Resonanz. Von dem Vertrauen, das entsteht, wenn zwei Menschen spüren, dass sie etwas füreinander tun können. Und Vertrauen entsteht nicht über Nacht. Es entsteht durch Begegnung, durch wiederholten Kontakt, durch Echtheit. Wer denkt, dass Netzwerke manipulativ sind, hat nie erlebt, wie tief eine Verbindung sein kann, die auf gegenseitigem Respekt basiert. Es geht nicht darum, etwas zu bekommen – sondern darum, sich ins Gespräch zu bringen, weil man glaubt, dass man etwas beitragen kann. Und oft ist es genau dieses Gespräch, das den Ausschlag gibt. Nicht die Bewerbung. Nicht der Titel. Sondern das leise Gefühl auf der anderen Seite: „Diese Person könnte passen." Noch bevor die Stelle konkret ist.

Noch bevor das Budget freigegeben wird. Noch bevor jemand anderes sich meldet. Doch um dorthin zu kommen, braucht es etwas, das man nicht in Kursen lernt: Geduld, Haltung und den Mut zur Unklarheit. Denn der verdeckte Markt ist kein Fahrplan. Man weiss nie, was zurückkommt. Man weiss nur, dass es ohne Bewegung gar nichts gibt. Diese Unsicherheit ist schwer zu ertragen – besonders dann, wenn die Zeit drängt, das Geld knapp wird, die Stimmung kippt. Doch wer sich traut, diesen Weg zu gehen, betritt einen anderen Raum. Einen Raum, in dem die eigene Präsenz mehr zählt als das perfekte Anschreiben. In dem Gespräche entstehen, nicht weil sie müssen, sondern weil sie Sinn ergeben.

Und in dem oft das Unerwartete geschieht: Dass ein Mensch an dich denkt, auch wenn du gerade nicht präsent bist. Und dass du angerufen wirst, weil du nicht gefragt hast, was du willst – sondern weil du gezeigt hast, wer du bist.

Es ist eine paradoxe Bewegung: Je mehr du dich zeigst, ohne zu fordern – desto mehr kommt auf dich zu. Je mehr du gibst, ohne sofort zu nehmen – desto mehr wirst du gesehen. Und je klarer du weisst, was du beitragen willst – desto öfter wirst du eingeladen, es zu tun. Der verdeckte Arbeitsmarkt ist keine Alternative zum offiziellen. Er ist seine Ergänzung – und für viele der eigentliche Weg zurück. Nicht laut. Nicht sichtbar. Aber wirksam. Und manchmal, wenn man zurückblickt, merkt man: Die entscheidende Stelle wurde nie ausgeschrieben. Sie wurde geschaffen – weil du da warst, als sie noch niemand erwartet hat.

Notizen:

Kapitel 12: – Zwischen Bewerbung und Berufung: Was du wirklich willst

Es gibt eine seltsame Stille nach der Bewerbung. Ein Zustand, in dem alles gesagt ist – zumindest auf dem Papier – und nichts geschieht. Die Mail ist verschickt. Die Unterlagen sitzen in einem Postfach, vielleicht gelesen, vielleicht noch nicht. Und du wartest. Beobachtest dich selbst, wie du regelmässig prüfst, ob eine Antwort gekommen ist. Ein Ja. Oder ein Nein. Oder – was meist geschieht – gar nichts.

In dieser Schwebe beginnt etwas zu brennen, das sich nicht durch Bewerbungstrainings löschen lässt. Es ist die Frage: Will ich das eigentlich? Nicht: Will ich einen Job? Das ist selbstverständlich. Nicht: Will ich wieder verdienen? Auch das ist klar. Sondern tiefer. Grundlegender. Manchmal schmerzlicher: Will ich das wirklich tun, was ich gerade bewerbe?

Diese Frage ist gefährlich. Denn sie bringt das fragile Gerüst der Arbeitslosigkeit ins Wanken, das auf Funktionieren ausgerichtet ist. Man hat Aufgaben: Bewerbungen schreiben, Termine einhalten, Pflichten erfüllen. Und plötzlich rührt sich etwas unterhalb dieser Struktur. Eine Art Unruhe. Ein Zweifeln an der Richtung. Ein innerer Aufschrei: Ich bewerbe mich auf Stellen, aber ich erkenne mich nicht in ihnen wieder. Es ist eine Erfahrung, die viele machen – aber kaum jemand laut ausspricht. Denn sie wirkt undankbar. Arrogant vielleicht. Realitätsfern. Schliesslich hat man kein Einkommen, kein Büro, kein Titel mehr. Und jetzt soll man auch noch wählerisch sein? Doch diese Frage ist kein Luxus. Sie ist überlebenswichtig. Denn wenn du dich nur bewerbst, um zu funktionieren, um zu entsprechen, um schnell wieder „drin" zu sein, dann läufst du Gefahr, dich zu verlieren. Du wirst vielleicht eingestellt – aber nicht angekommen. Du bekommst vielleicht einen Job – aber nicht deine Würde zurück.

Und genau darum geht es in dieser Phase: Nicht nur um die Rückkehr in die Erwerbswelt. Sondern um das Wiedergewinnen von Selbstrespekt. Und dieser beginnt nicht erst im Vorstellungsgespräch – er beginnt im inneren Monolog. Wenn du dich ehrlich fragst: Was will ich nicht mehr? Worauf will ich nicht mehr verzichten? Was wäre, wenn ich mir die Freiheit nehmen würde, nicht zurückzukehren – sondern weiterzugehen? Denn die Wahrheit ist:

Viele Menschen hatten schon vor der Arbeitslosigkeit einen Beruf, aber keine Berufung. Sie arbeiteten, aber lebten nicht. Sie erfüllten Pflichten, aber waren innerlich längst auf Stand-by. Und die Kündigung – ob gewollt oder nicht – war vielleicht auch eine Art stiller Hinweis: Hier stimmt etwas nicht.

Aber weil es schwer ist, das zuzugeben, flüchtet man sich ins Funktionieren. Und verliert dabei eine einmalige Gelegenheit: Die Chance, sich neu zu fragen – jenseits von Angst, jenseits von Status – was eigentlich ruft. Berufung ist ein grosses Wort.

Ein Wort, das oft überhöht wurde, verklärt, spiritualisiert. Doch in seinem Kern ist es einfach: Berufung ist das, was dich ruft. Was dich meint. Was dich lebendig macht – nicht nur in der Fantasie, sondern im Tun. Es ist das, was du auch tun würdest, wenn dir niemand dafür applaudiert. Es ist die Tätigkeit, bei der du Zeit vergisst. Bei der du du selbst bist – nicht im Sinne von Komfort, sondern im Sinne von Wahrheit. In der Arbeitslosigkeit öffnet sich, so paradox es klingt, ein Raum für diese Wahrheit.

Zumindest, wenn man ihn zulässt. Wenn man den Mut hat, nicht nur Bewerbungen zu schreiben, sondern Tagebuch. Nicht nur Jobplattformen zu durchforsten, sondern die eigenen Erinnerungen. Was hast du früher getan – freiwillig, mit Leidenschaft, mit Feuer? Was hast du unterdrückt, weil es „nicht genug einbrachte"? Welche Träume hast du beiseitegelegt, weil das Leben dich zur Vernunft rief? Diese Fragen führen dich nicht sofort zum neuen Beruf. Aber sie führen dich zu dir. Und das ist der Anfang. Der Anfang einer anderen Art von Arbeitssuche. Einer, bei der du nicht nur Stellen filterst –

sondern dich selbst. Einer, bei der du nicht nur schaust, was gesucht wird – sondern was du zu geben hast. Und vielleicht beginnst du dann, dich anders zu zeigen. Du schreibst Bewerbungen mit anderer Energie. Du formulierst dein Profil nicht defensiv, sondern klar. Du sprichst nicht mehr davon, „belastbar" zu sein, sondern davon, worin du wirklich stark bist. Und was du nicht mehr mitträgst.

Denn Berufung hat nicht nur mit Können zu tun – sondern mit Klarheit. Mit dem Mut, auszusprechen, was du willst. Und was nicht. Auch auf die Gefahr hin, dass du länger suchst. Aber du suchst dann aufrecht. Nicht verzweifelt. Nicht getarnt. Sondern du selbst. Vielleicht führt dich dieser Weg nicht sofort zurück auf eine Stelle. Vielleicht führt er dich über Umwege. Über Gespräche. Über Zwischenstationen. Vielleicht erlebst du Ablehnung – nicht, weil du schlecht bist, sondern weil du zu dir stehst.

Aber wenn du durchhältst, wenn du nicht einknickst, wenn du weitergehst – dann kann es geschehen, dass sich plötzlich etwas öffnet. Etwas, das passt. Nicht nur vom Profil her. Sondern vom Gefühl. Vom Sinn. Und dann wirst du zurückblicken und verstehen: Diese Monate waren nicht das Ende. Sie waren das Gespräch mit dem Teil in dir, den du zu lange überhört hast. Sie waren kein

Leerlauf. Sie waren Klärung. Und Mut. Und Auf-
bruch. Nicht auf einer Plattform. Sondern in dir.

Notizen:

Notizen:

Kapitel 13: – Motivation aufrechterhalten: Wenn Absagen zur Normalität werden

Es gibt einen Punkt in der Arbeitslosigkeit, an dem nicht mehr der Anfang schwer ist – sondern das Dazwischen. Die Zeit, in der nichts geschieht. Oder zu viel. Nur nicht das Richtige. In der du suchst, schreibst, versendest, dich präsentierst – und immer wieder auf dasselbe Ergebnis triffst: Stille. Manchmal in Form von Absagen. Manchmal sogar in Form von Ignoranz. Und am schlimmsten: in Form der immer gleichen Schleife aus Hoffnung, Warten, Enttäuschung. Am Anfang hattest du noch Energie. Du hast dich motiviert. Du hast gesagt:

Ich mach das jetzt ernsthaft. Du hast dir Mühe gegeben, in Formulierungen, im Lebenslauf, in der Präsenz. Vielleicht gab es erste positive Reaktionen. Vielleicht sogar ein Vorstellungsgespräch. Und du dachtest: Jetzt geht's los. Doch dann kam nichts. Oder es kam etwas – aber nicht das, was du wolltest. Du wurdest gelobt. Aber nicht genommen.

Du warst „interessant". Aber nicht die erste Wahl. Du hast „einen spannenden Lebenslauf". Aber eben doch nicht den passenden. Immer wieder dieselben Worte. Immer wieder dieselben leeren Fenster, in denen du dich gespiegelt siehst: müde, ratlos, vielleicht zynisch geworden. In dieser Phase beginnt die wahre Prüfung. Nicht durch das System. Sondern durch dich selbst. Weil jetzt nicht mehr die äusseren Umstände schwer sind – sondern der innere Widerstand. Jeden Tag aufzustehen und zu wissen, dass die nächste Bewerbung nicht sicher ist. Dass die nächste Rückmeldung ein Nein sein könnte. Dass du dich vielleicht wieder verausgabst, um am Ende nichts in den Händen zu halten ausser einer automatisierten Mail. Motivation fühlt sich in dieser Zeit nicht mehr an wie Energie. Sie fühlt sich an wie Entscheidung. Wie ein leiser Schwur, den du dir selbst gibst, ohne Zeugen, ohne Applaus:

Ich höre nicht auf. Ich verbittere nicht. Ich bleibe bei mir. Aber wie macht man das, wenn alles dagegen spricht? Wie bleibt man aufrecht, wenn man sich klein fühlt? Wie behält man Mut, wenn man sich überflüssig vorkommt? Die Antwort ist weder einfach noch romantisch. Sie liegt nicht in Affirmationen oder Motivationsvideos. Sie liegt im Alltag.

In den kleinen Ritualen, die du dir baust, um nicht zu fallen. Im Spaziergang, den du machst, obwohl du nicht musst. In der Bewerbung, die du schreibst, obwohl du ahnst, dass sie nicht gelesen wird. In der Art, wie du dich anziehst, obwohl dich heute niemand sieht. In der Sprache, die du wählst, wenn du mit dir selbst redest. Denn in dieser Phase ist nicht die Welt dein Gegner. Sondern die Stimme in dir, die sagt: Es bringt nichts. Du bist zu spät. Zu alt. Zu viel. Zu wenig. Und dieser Stimme begegnest du nicht mit Gegenrede. Sondern mit Handeln.

Still. Würdevoll. Und entschieden. Vielleicht hilft dir ein Satz: Ich bin nicht meine Absagen. Du bist nicht das, was Firmen über dich denken. Du bist nicht das, was in Mails nicht geschrieben wird. Du bist nicht das, was Excel-Tabellen von Recruitern über dich sagen. Du bist ein Mensch, der sucht – und sich nicht aufgibt. Manchmal wirst du aufstehen und merken, dass du keine Kraft hast. Dann nimm dir einen halben Tag. Aber steh wieder auf. Manchmal wirst du glauben, dass du versagst. Dann ruf jemanden an. Sprich. Lass dich erinnern, wer du bist.

Und manchmal wirst du einfach nur leer sein. Dann schreib. Oder geh in den Wald. Oder schau den Himmel an. Auch das ist Motivation. Nicht der grosse Plan. Sondern die Weigerung, zu verstummen. Und vielleicht, nach Wochen, vielleicht Monaten, wirst du einen Brief erhalten. Eine Mail.

Einen Anruf. Und du wirst zittern, weil du dich kaum traust, dich zu freuen. Weil du gelernt hast, nichts zu erwarten. Aber dann wirst du merken: Es kommt doch. Nicht immer so, wie du wolltest. Nicht immer sofort. Aber es kommt. Und dann wirst du wissen:

Ich habe mich nicht verraten. Ich habe mich nicht dem Zynismus übergeben. Ich bin nicht kalt geworden. Ich bin nicht abgestumpft. Ich habe mir meine Menschlichkeit bewahrt, meine Kraft, meine Klarheit. Und das – das ist das, was bleibt. Selbst wenn keine Stelle kommt. Selbst wenn es weitergeht mit Absagen. Du bist geblieben. Denn in Wahrheit ist Motivation kein Feuer. Sie ist Glut. Eine leise, zähe, fast unscheinbare Wärme, die nicht erlischt. Und die dich durchträgt. Tag für Tag. Auch durch diese Zeit.

Notizen:

Notizen:

Kapitel 14 – Die ersten Interviews: Vorbereitung, Auftreten, Nachbereitung

Es ist ein seltsames Gefühl, wenn die Einladung kommt. Nach all den Absagen, dem Warten, der Stille, kommt plötzlich eine Nachricht mit einem Datum. Ein Vorstellungsgespräch. Ort, Zeit, Ansprechpartner. Und in dir beginnt etwas zu zittern – kaum merklich vielleicht, aber spürbar. Hoffnung. Erleichterung. Und fast sofort: Angst. Nicht die Angst vor dem Gespräch an sich. Sondern die Angst vor dem Moment, an dem du sichtbar wirst. Echt.

Nicht mehr durch ein PDF. Nicht mehr durch Zahlen oder Stationen. Sondern mit Haut und Stimme. Mit Händen, Blick, Sprache. Und mit all dem, was du in diesen Wochen vielleicht kaum mehr in dir gespürt hast: eine Präsenz. Vorstellungsgespräche sind Begegnungen unter asymmetrischen Bedingungen.

Die einen wählen aus, die anderen wollen genommen werden. Doch in Wirklichkeit, wenn man tiefer schaut, sind es zwei Seiten, die sich prüfen. Zwei Seiten, die einander fühlen. Zwei Seiten, die herausfinden wollen: Könnte das gehen? Aber die Realität sieht oft anders aus. Du sitzt da, vielleicht zu früh, mit trockenen Händen, mit einem zu förmlichen Lächeln, in einem Raum, der nicht deiner ist. Und du weißt: In den nächsten 45 Minuten entscheidet sich, ob jemand dich sieht. Nicht nur die Qualifikation. Sondern dich. Das ist viel verlangt. Besonders, wenn du aus einer Zeit kommst, in der du dich selbst kaum gespürt hast. In der du dich mühsam zusammengebaut hast aus Absagen, aus Unsicherheit, aus zu vielen Tagen ohne Echo. Und nun sollst du dich zeigen – kompetent, interessiert, offen, souverän. Und gleichzeitig zurückhaltend, loyal, nicht aufdringlich. Die Vorbereitung auf ein Gespräch beginnt deshalb nicht bei den üblichen Fragen. Nicht bei „Was sind Ihre Stärken?" oder „Wo sehen Sie sich in fünf Jahren?" Sie beginnt viel früher. Sie beginnt damit, dass du dich fragst:

Wie will ich in diesen Raum gehen? Nicht: Wie kann ich gefallen? Sondern: Wie kann ich anwesend sein – bei mir? Denn in Wahrheit ist jedes gute Gespräch ein Dialog. Keine Prüfung. Keine Einbahnstraße. Und du bist nicht nur dort, um dich zu verkaufen.

Du bist dort, um zu verstehen, ob du hier wirklich arbeiten willst. Ob du diesem Team etwas geben kannst. Und ob du von hier aus wachsen kannst – nicht nur beruflich, sondern als Mensch. Diese Haltung verändert alles. Nicht die Antworten. Aber den Ton. Die Körpersprache. Die Art, wie du zuhörst. Wie du sprichst. Wie du schweigst.

Du wirst gefragt, was du zuletzt gemacht hast. Vielleicht sprichst du von deinem letzten Job. Vielleicht auch von deiner Arbeitslosigkeit. Und wie du darüber sprichst, sagt mehr über dich als jedes Projekt. Sag es klar. Ohne Scham. Ohne Entschuldigung.

Nicht als Geschichte der Rechtfertigung – sondern als Teil deiner Biografie. Als Weg, der dich nicht definiert, aber geprägt hat. Du wirst gefragt, warum du dich beworben hast. Sag nicht das Erwartbare. Sag das Verbindende. Was du gespürt hast, als du die Stelle gelesen hast. Was du glaubst, beitragen zu können. Was du wirklich meinst, wenn du von Interesse sprichst. Denn kein Recruiter glaubt mehr an Floskeln. Aber jeder hört, wenn du echt bist.

Und dann, irgendwann, ist das Gespräch vorbei. Ein Händedruck. Ein Dankeschön. Ein Lächeln, vielleicht. Und du gehst. Du weißt nicht, was sie sagen werden, wenn du weg bist. Du weißt nicht, ob du auf die Shortlist kommst. Ob du eine Runde weiter bist. Du weißt nur, dass du da warst. Was dann beginnt, ist der wichtigste Teil. Nicht im Unternehmen. Sondern in dir. Die Nachbereitung ist nicht für das Protokoll. Sie ist für dein Bewusstsein. Was war gut? Wo hast du dich gespürt? Wo warst du nicht ganz bei dir? Was hast du über dich gelernt – nicht nur als Bewerber, sondern als Mensch?

Und ja, du wirst wieder warten müssen. Vielleicht kommt nichts. Vielleicht kommt eine Absage. Vielleicht auch ein Angebot. Aber das Gespräch ist nicht verloren. Es war nicht umsonst. Denn du hast dich gezeigt. Und mit jeder echten Begegnung wächst dein innerer Raum. Die Sicherheit, dich nicht mehr verbiegen zu müssen. Manche Gespräche sind überraschend. Plötzlich sagt jemand einen Satz, der dich trifft. Der dich erinnert. An das, was du kannst. Oder an das, was du brauchst. Und du gehst hinaus – nicht mit einem Job. Aber mit einer Ahnung.

Mit einem kleinen Funken. Dass es doch geht. Dass du nicht zu spät bist. Nicht überflüssig. Sondern unterwegs. Andere Gespräche sind ernüchternd. Leer. Hart. Und du merkst: Das will ich nicht. Auch das ist wertvoll. Ablehnung ist nicht immer gegen dich.

Manchmal ist sie für dich. Sie trennt dich von einem Ort, der nicht deiner war. Von einer Aufgabe, die dich erschöpft hätte. Von Menschen, die dich nicht hätten sehen können. Bleib wach in diesen Gesprächen. Nicht defensiv. Nicht perfekt. Sondern präsent. Du musst nicht immer glänzen. Aber du musst dich nicht kleiner machen, als du bist. Du musst dich nicht verkaufen. Nur zeigen. Und zuhören. Und dich erinnern: Du hast das Recht, zu wählen. Nicht nur, gewählt zu werden. Und irgendwann – wird es passen. Vielleicht nicht spektakulär. Aber stimmig. Und du wirst wissen: Ich habe das nicht gespielt. Ich habe es gelebt. Und genau deshalb ist es jetzt echt.

Notizen:

Notizen:

Kapitel 15: – Der Wendepunkt: Wenn du plötzlich wieder gefragt bist

Man rechnet nicht damit. Nicht nach all der Zeit. Nicht nach all den Stillen, den Absagen, den halben Gesprächen. Man steht morgens auf, macht Kaffee, schaut ins Licht. Noch ein Tag wie jeder andere. Keine besondere Erwartung. Und dann – ein Anruf. Eine Mail. Ein Mensch, der sagt: „Wir haben uns für Sie entschieden." Für einen Moment hält alles an.

Nicht euphorisch. Nicht wie in einem Film. Sondern still. Fast unglaubwürdig. Als müsste man die Worte wiederholen, um sie zu glauben. „Sie passen zu uns." „Wir freuen uns, wenn Sie beginnen." Und in dir: eine Bewegung, die du kaum benennen kannst. Kein Sprung. Eher ein langsames Ankommen. Etwas, das sich innerlich sortiert. Nicht: Endlich geschafft. Sondern: Jetzt wird es anders. Denn der Wendepunkt, von dem man spricht, ist kein Knall. Kein Applaus. Kein Zielstrich. Er ist leise.

Fast unscheinbar. Weil er nicht nur im Aussen geschieht – sondern in dir. Du bist wieder gefragt. Und diese Tatsache wirft eine neue Frage auf: Will ich noch? Denn du hast dich verändert. Nicht sichtbar vielleicht. Aber spürbar. Die Monate des Suchens haben in dir etwas geformt. Etwas, das nicht wieder in die alte Form zurückwill. Du hast dich durch Dunkel getragen. Dich aufrechterhalten. Dich neu gelesen. Und nun kommt das Aussen – mit einer Einladung. Und du musst entscheiden: Gehe ich zurück – oder gehe ich weiter? Manche Stellen sind Brücken. Sie helfen dir zurück in ein System. In ein Einkommen. In einen Alltag. Und das ist gut. Wichtig.

Befreiend. Doch frage dich: Ist diese Brücke auch ein Weg? Oder ist sie nur eine Pause? Eine Reaktion auf Erschöpfung, aber nicht auf Wahrheit? Wenn du annimmst – tue es mit offenen Augen. Mit Ja, nicht mit Erleichterung. Du bist nicht mehr der oder die, die du warst. Du brauchst keine Rolle mehr, um dich zu definieren. Du brauchst einen Ort, an dem du dich einbringen kannst – ohne dich zu verlieren.

Der Wendepunkt ist kein Happy End. Er ist ein Schwellenraum. Er bedeutet: Du wirst wieder Teil. Teil eines Systems. Einer Bewegung. Einer Aufgabe. Und das verlangt von dir, dass du dich erinnerst: Wer du bist. Was du gelernt hast. Was du nicht mehr einreissen lässt. Vielleicht bist du misstrauisch. Vielleicht hast du Angst, wieder zu verschwinden. Wieder zu funktionieren. Wieder nicht gesehen zu werden. Dann nimm dir Zeit. Schau genau. Beobachte. Höre hin. Und wenn du spürst: Hier kann ich sein, was ich geworden bin – dann geh. Geh mit Würde. Geh mit Kraft. Und nimm mit, was du gelernt hast. Der Wendepunkt ist kein Sieg. Er ist eine Rückkehr. Aber du kehrst nicht als derselbe zurück. Du bringst Tiefe mit. Erinnerung. Demut. Und den stillen Stolz, dich nicht verloren zu haben in der Zeit, in der du niemandem gefehlt hast.

Und das – das ist vielleicht der grösste Schritt von allen.

Notizen:

Notizen:

Kapitel 16: – Der neue Anfang: Wie du zurückkehrst, ohne dich zu verlieren

Du gehst am ersten Arbeitstag durch Türen, die du lange nur in Gedanken durchquert hast. Die Routine kehrt zurück – als Geräusch, als Licht, als Geruch. Du bist wieder im Spiel. Wieder in Bewegung. Wieder Teil von etwas. Und doch ist nichts wie vorher.

Denn du bist nicht mehr derselbe.

Vielleicht trägst du denselben Mantel. Sprichst dieselbe Sprache. Nutzt dieselben Programme. Vielleicht lachst du an denselben Stellen, nickst zu denselben Witzen in der Teeküche, sitzt wieder an einem Tisch, der einem Titel gehört. Aber innerlich hast du dich verschoben. Verändert. Entblösst – und neu eingekleidet. Du bist gewachsen, ohne dass jemand es gesehen hat. Du hast Dinge gedacht, gefühlt, erkannt, die kein Mensch auf deinem Teamkalender ahnt. Der neue Anfang beginnt nicht mit der Begrüssung im Büro. Er beginnt in dir – mit der Entscheidung, wie du zurückkehren willst.

Ob du dich wieder anpasst. Ob du wieder weich wirst, um zu passen. Ob du wieder funktionierst. Oder ob du bleibst, was du geworden bist: jemand, der weiss, was es bedeutet, nicht gebraucht zu werden. Und trotzdem nicht zu verschwinden. In den ersten Tagen wirst du prüfen. Wie man dich sieht. Was man erwartet. Du wirst dich beobachten, im Spiegel der anderen. Du wirst dich fragen: Habe ich mich nur ausgehungert – oder wirklich neu gespürt? Und du wirst feststellen: Es gibt Versuchungen. Wieder in Muster zu gleiten. Wieder zu gefallen. Wieder die eigene Stimme zu dämpfen, um Harmonie zu sichern. Doch diesmal hast du etwas, was du vorher nicht hattest: ein inneres Mass.

Nicht starr, nicht trotzig – sondern geerdet. Du weisst jetzt, was dir fehlt, wenn du dich verlierst. Und du kennst die Sprache der inneren Müdigkeit, bevor sie zur Erschöpfung wird. Der neue Anfang ist nicht laut. Er ist eine tägliche, leise Entscheidung: dass du dich nicht mehr übergehst. Dass du nicht alles mitträgst, nur weil du wieder dabei bist. Dass du Fragen stellst, statt still zu sein. Dass du Grenzen erkennst, bevor du sie überschreitest – nicht nur aus Angst, sondern aus Selbstachtung. Vielleicht bedeutet das, dass du langsamer bist als andere.

Vielleicht, dass du weniger mitmachst, wenn das Spiel wieder beginnt. Vielleicht, dass du nicht alles teilst, was du fühlst. Aber das ist in Ordnung. Du musst nicht beweisen, dass du wieder „voll da" bist. Du bist nie ganz weg gewesen. Du warst nur auf einer Reise – ins Offene, ins Unsichere, ins Eigene.

Und diese Reise hat dir etwas gegeben, das keine Position dir je geben konnte: ein inneres Zuhause.

Wenn du zurückkehrst in die Arbeitswelt, dann trägst du dieses Zuhause in dir. Es schützt dich – nicht vor Stress, nicht vor Konflikten, nicht vor Erschöpfung. Aber es schützt dich vor dem Vergessen. Vor dem Rückfall in ein Leben, das dir nicht gehört. Es erinnert dich daran, wer du bist, wenn du nichts beweisen musst. Vielleicht wirst du irgendwann darüber sprechen. Mit Kolleginnen, mit einem neuen Team. Vielleicht nicht. Vielleicht bleibt es still. Aber du wirst es spüren: deine Klarheit, deine Tiefe, deine neue Art, Ja zu sagen – und manchmal Nein. Nicht aus Abwehr. Sondern aus Liebe zu dir selbst. Der neue Anfang ist nicht das Gegenteil der Arbeitslosigkeit. Er ist ihr Resultat. Nicht als Beweis, dass du es „geschafft" hast – sondern als Beweis, dass du geblieben bist. Ganz. Echt. Aufrecht. Und von hier aus beginnt etwas Neues. Kein zweites Leben. Aber vielleicht das erste, in dem du nicht nur arbeitest – sondern dabei bleibst.

Notizen:

Notizen:

Kapitel 17: – Wenn alte Muster zurückkehren: Wach bleiben im neuen Alltag

Es beginnt kaum merklich. Ein Gedanke, der sich zwischen die Stunden schiebt: Das ist ja gar nicht so schlimm. Ein Zugeständnis, das sich als pragmatisch tarnt: Man muss ja Kompromisse machen. Eine Geste, ein Nicken, ein Ja – obwohl du innerlich eigentlich Nein meintest. Und du merkst es nicht sofort. Du funktionierst. Du bist wieder im Takt. Wieder Teil des Systems. Du bekommst Feedback.

Ein Lächeln. Gehalt. Struktur. Und doch geschieht es. Langsam. Lautlos. Unaufhaltsam, wenn du es nicht bemerkst: Du rutschst zurück. Zurück in den Reflex, dich zu erklären, bevor du gefragt wirst. Zurück in die Haltung, alles mitzutragen, weil du dazugehören willst. Zurück in das Muster, dich zu verausgaben, weil du glaubst, dass nur sichtbare Leistung zählt. Und du denkst: So ist das halt.

So läuft es eben. Man kann nicht alles haben. Aber tief in dir weisst du, dass das nicht stimmt. Du weisst, dass du dich einmal verloren hast – im Hamsterrad, in der Rolle, in der Anpassung. Du weisst, was es dich gekostet hat, dich wieder aufzurichten, Tag für Tag, ohne Beifall, ohne Sicherheit. Und du hattest dir geschworen: Nie wieder. Nie wieder so blind, so gefällig, so erschöpft. Doch das Neue hat keine Garantie. Es braucht Pflege. Aufmerksamkeit. Und eine Erinnerung daran, dass du dich nicht verändert hast, um wieder zu werden wie früher. Der Alltag ist trügerisch. Er gibt dir das Gefühl von Stabilität, während er dir leise deine Wachheit nimmt. Routine macht müde. Nicht körperlich. Sondern seelisch. Sie lullt ein, glättet, beruhigt. Und plötzlich fehlt dir der Blick. Der, den du hattest in der Arbeitslosigkeit. Der, der wach war für das Eigentliche. Für das, was zählt. Wach bleiben im neuen Alltag heisst nicht, sich ständig zu hinterfragen. Es heisst nicht, misstrauisch zu sein gegenüber allem Gewohnten.

Es heisst: sich zu erinnern. Wer du warst, als du am Boden warst. Was du dir geschworen hast, als niemand zuhörte. Und was du heute brauchst, um ganz zu bleiben. Vielleicht ist es nur ein Satz, den du dir morgens sagst. Vielleicht ein ruhiger Blick in den Spiegel. Vielleicht ein Ritual, das dich schützt – vor dir selbst, vor dem Sog der alten Welt.

Es braucht nicht viel. Nur Klarheit. Und den Mut, nicht mehr alles mitzumachen. Denn die eigentliche Prüfung beginnt nicht mit der Rückkehr. Sie beginnt in der Wiederholung. In der dritten Woche. In der fünften E-Mail. In der vierten Teamsitzung. Wenn dich niemand mehr fragt, wie es dir geht. Wenn du wieder funktionierst – und dich niemand mehr erinnert an deine Stille. Dann musst du dich selbst erinnern. Vielleicht heisst das, etwas abzulehnen. Vielleicht, um ein Gespräch zu bitten. Vielleicht, einen freien Nachmittag nicht zu rechtfertigen. Vielleicht nur, mit der Haltung im Raum zu bleiben: Ich bin nicht hier, um mich zu verlieren. Ich bin hier, um etwas beizutragen. Und ich bin nicht weniger wert, wenn ich meine Grenzen kenne. Die Rückkehr ist kein Abschluss. Sie ist ein Anfang – mit offenen Augen. Und manchmal braucht es mehr Mut, wach zu bleiben, als sich neu zu orientieren. Weil du nun alles weisst. Und trotzdem bleibst.

Notizen:

Notizen:

Kapitel 18: – Was bleibt: Die Arbeitslosigkeit als Teil deiner Biografie

Es gibt Lebensphasen, über die man nicht spricht. Nicht, weil sie unwichtig wären. Sondern weil sie nicht in die Erzählung passen, die man über sich selbst zu pflegen gelernt hat. Sie stören. Sie widersprechen dem Bild von Klarheit, von Sicherheit, von Aufstieg. Und doch sind es genau diese Phasen, die dich am tiefsten formen. Die Arbeitslosigkeit ist eine solche Zeit. Sie hat dich geprüft. Auf allen Ebenen. In deiner Existenz. In deinem Selbstbild.

In deinem Vertrauen. Sie hat dich herausgelöst aus dem, was du über dich wusstest – oder zu wissen glaubtest. Und sie hat dir Dinge gezeigt, die du nicht gesucht hast. Vielleicht sogar nicht sehen wolltest. Einsamkeit. Ohnmacht. Scham. Und zugleich: Widerstandskraft. Kreativität. Demut. Klarheit.

Die Zeit ohne Arbeit war keine Pause. Sie war Arbeit. Vielleicht sogar die härteste deines Lebens. Nicht bezahlt. Nicht bewertet. Nicht sichtbar. Aber bedeutsam. Und irgendwann kommt der Punkt, an dem du zurückblickst. Vielleicht nach Monaten. Vielleicht nach Jahren. Und du siehst nicht mehr nur das Scheitern. Nicht mehr nur den Schmerz. Sondern du siehst den Raum, der entstanden ist. Die

Gedanken, die neu geworden sind. Die Gespräche, die du geführt hast – mit dir selbst, mit dem Leben. Du siehst, was du getragen hast. Und wer du geworden bist. Und dann musst du entscheiden: Was machst du mit dieser Zeit? Verdrängst du sie? Hängst du sie wie ein loses Stück an deine Biografie – ohne Verbindung, ohne Sprache? Sagst du, es sei „eine Phase gewesen", „nicht der Rede wert", „halt passiert"? Oder gibst du ihr Platz? Sprichst du davon, ohne Drama – aber mit Wahrheit? Denn so wie du über diese Zeit sprichst, so sprichst du über dich.

Wenn du sie kleinredest, redest du dich klein. Wenn du sie versteckst, versteckst du auch Teile deiner Kraft. Wenn du sie aber annimmst, in ihrer Widersprüchlichkeit, in ihrer Tiefe – dann wird sie zu etwas, das dich nicht belastet, sondern trägt.

Es braucht Mut, diese Monate als Teil deiner Geschichte zu begreifen. Nicht als Makel, sondern als Kapitel. Ein Kapitel, das zeigt: Du bist nicht nur das, was du erreicht hast. Du bist auch das, was du durchlebt hast. Du bist nicht nur jemand, der funktioniert. Du bist jemand, der sich wieder aufgerichtet hat. Ohne Bühne. Ohne Garantie. Und genau das ist Stärke. Vielleicht wirst du irgendwann danach gefragt. In einem Gespräch. In einem Lebenslauf. In einem Abendessen, wenn es um Biografien geht. Und du wirst entscheiden müssen, wie du antwortest. Ob du dich windest. Oder ob du sagst: Das war eine Zeit, in der ich viel verloren habe. Und viel verstanden. Vielleicht wirst du jemanden treffen, der gerade mittendrin steckt. Und du wirst nicht mit Ratschlägen reagieren – sondern mit einem Blick, der sagt: Ich war da. Ich weiss, wie still es dort ist. Und wie stark man sein muss, um still zu bleiben. Diese Zeit wird nicht verschwinden. Aber sie wird sich verwandeln. Wenn du sie zulässt. Wenn du aufhörst, sie zu bekämpfen. Wenn du sie nicht als Unterbrechung siehst – sondern als Teil deines Weges. Denn kein Leben verläuft linear. Kein Mensch geht ohne Brüche durchs Leben. Und genau in diesen Brüchen offenbart sich, wer du wirklich bist. Nicht, weil du gescheitert bist. Sondern weil du wieder aufgestanden bist – anders als vorher, aber echter. Was bleibt? Die Antwort ist leise:

Und alles, was du geworden bist, als niemand zusah.

Notizen:

Notizen:

Kapitel 19: – Die neue Beziehung zur Arbeit: Was du gibst, was du brauchst

Arbeit war lange Zeit etwas, das du einfach getan hast. Wie Atmen. Wie Zähneputzen. Sie war Rhythmus. Selbstverständlichkeit. Sie gab dir Struktur, Lohn, manchmal sogar Sinn. Du hattest Erwartungen an sie – und sie hatte Erwartungen an dich. Manchmal wurdest du erfüllt, manchmal erschöpft.

Aber du warst drin. Im Strom. Und hast nicht viel gefragt. Dann kam der Bruch. Die Arbeitslosigkeit. Und plötzlich standst du draussen – wie vor einem Schaufenster. Du hast gesehen, wie andere gingen, kamen, terminiert waren. Und du warst allein. Ohne Auftrag. Ohne Ziel. Ohne Takt. Und irgendwann, ganz langsam, hast du begonnen, neu zu fragen: Was ist das eigentlich – Arbeit? Nicht: Wo finde ich sie? Sondern: Was bedeutet sie mir? Was gebe ich, wenn ich arbeite – und was nehme ich mit? Was brauche ich, damit Arbeit nicht zur Erschöpfung wird, sondern zur Form von Leben, die mich stärkt?

Diese Fragen bleiben. Auch wenn du längst zurück bist. Auch wenn du morgens wieder deinen Kaffee trinkst und in der Bahn sitzt. Auch wenn du wieder Mails schreibst und mit Kolleginnen lachst. Die Erfahrung, draussen gewesen zu sein, hat deine

Beziehung zur Arbeit verändert. Vielleicht nicht laut. Aber grundlegend. Du bist sensibler geworden. Nicht nur für Ungerechtigkeit – sondern für das, was dich kostet. Du spürst früher, wenn du dich verläufst. Wenn du dich übergehst. Wenn du zu lange Ja sagst, obwohl du längst Nein fühlst. Und du spürst, wenn etwas stimmt. Wenn du aufblühst. Wenn du etwas tust, das nicht nur erledigt ist – sondern etwas in dir berührt. Früher war Arbeit oft gleich Leistung. Gleich Ergebnis. Gleich Pflicht.

Heute weisst du: Arbeit ist Beziehung. Zu Menschen. Zu dir selbst. Zu einem grösseren Zusammenhang. Arbeit kann dich aufrichten – oder verbiegen. Sie kann dich nähren – oder aushöhlen. Und deshalb beginnst du zu unterscheiden. Was gibst du? Du gibst nicht nur Zeit. Du gibst Aufmerksamkeit. Kraft. Geduld. Erfahrung. Haltung. Du gibst oft mehr, als du selbst bemerkst – deine Geschichte, deine Prägungen, deine Lernwege. Du gibst deine Präsenz. Und oft auch dein Herz. Was brauchst du? Du brauchst mehr als Lohn. Du brauchst Achtung.

Verlässlichkeit. Raum. Du brauchst Menschen, die nicht nur mit dir rechnen, sondern mit dir sprechen. Du brauchst Aufgaben, die dich fordern – aber nicht auszehren. Und du brauchst Zeiten, in denen du nichts geben musst. Weil du einfach sein darfst. Vielleicht klingt das nach Idealismus. Nach

Wunschdenken. Nach Luxus in einer Welt, in der vieles eng ist. Doch es ist kein Luxus. Es ist notwendig. Denn ohne diese Balance wirst du dich wieder verlieren. Früher oder später. Langsam oder abrupt. Und du weisst, wie es sich anfühlt, wenn du dich verlierst. Diese neue Beziehung zur Arbeit ist kein Modell. Sie ist lebendig. Sie verändert sich mit dir. Und sie verlangt, dass du wach bleibst. Dass du dich immer wieder fragst: Ist das noch meins? Oder funktioniere ich nur noch? Vielleicht wirst du nicht sofort alles ändern können. Vielleicht bist du in einer Stelle, die gerade Übergang ist. Vielleicht trägst du mehr, als du willst. Doch du weisst: Es ist nicht für immer. Und du weisst: Du bist nicht mehr ohnmächtig. Denn du hast eine neue Autorität gewonnen: die innere. Du kannst sprechen. Grenzen setzen. Zuhören. Und du kannst entscheiden, ob du bleibst – oder gehst. Nicht aus Impuls. Sondern aus Verantwortung. Arbeit wird nie perfekt sein. Aber sie darf dir nicht schaden. Und sie darf nicht alles sein. Du bist mehr als dein Kalender. Mehr als dein Output. Mehr als dein Titel. Und wenn du das lebst – sanft, aber klar – dann wird Arbeit zu etwas anderem. Nicht zur Last. Nicht zur Religion. Sondern zu einem Teil von dir. Einem guten Teil. Kein Altar. Kein Käfig. Ein Ort, an dem du wirken darfst – weil du weisst, wer du bist.

Notizen:

Kapitel 20: – Ausblick: Was du nie mehr vergisst

Man könnte glauben, es sei vorbei. Die Phase. Der Ausnahmezustand. Die Zeit des Fragens, Wartens, Zweifelns. Man könnte glauben, du seist wieder drin – im Leben, im Job, im Normalen. Doch du weisst: Es ist nicht vorbei. Es hat sich nur verwandelt. Denn manche Erfahrungen hinterlassen keine sichtbaren Spuren. Keine Narben. Keine Urkunden. Aber sie graben sich ein. In deine Bewegungen.

In deine Stimme. In die Art, wie du schaust, wenn jemand von Arbeitslosigkeit spricht. In das Schweigen, das du kennst – und das du nie mehr überhörst. Was du nie mehr vergisst, ist nicht die Angst. Auch nicht das Formulare-Ausfüllen oder das Warten auf Rückmeldungen. Es ist etwas anderes. Tiefer. Leiser. Und viel wahrhaftiger. Du vergisst nie mehr, wie es war, morgens aufzuwachen und zu spüren, dass niemand auf dich wartet. Kein Auftrag.

Kein Team. Kein Grund. Und du wirst nie mehr leichtfertig über andere urteilen, die in dieser Stille verharren. Weil du weisst, wie viel Kraft es braucht, in der Bedeutungslosigkeit einen Sinn zu suchen. Du vergisst nicht die Scham, als du zum ersten Mal sagen musstest: Ich bin arbeitslos. Und auch nicht die Entschlossenheit, die später kam, als du es nicht mehr als Makel ausgesprochen hast, sondern als Fakt – aufrecht, klar, unentschuldigend. Du vergisst den Moment nicht, in dem du fast aufgegeben hättest. Und den, in dem du weitergemacht hast – aus Trotz vielleicht, aus Stolz, aus Liebe. Ganz gleich. Du bist gegangen. Schritt für Schritt. Ohne Applaus.

Ohne Sicherheit. Aber du bist gegangen. Du vergisst nicht, was du über dich gelernt hast: Dass du tragfähig bist. Dass du weicher bist, als du dachtest. Und gleichzeitig härter, als du es je gewagt hättest. Du hast Seiten von dir kennengelernt, die du vorher nicht gebraucht hattest – und jetzt nicht mehr missen willst. Und irgendwann, in einem Gespräch, in einem Teammeeting, in einem Bewerbungsgespräch vielleicht, wirst du dich erinnern. An diese Zeit. Nicht als Stigma. Sondern als Ressource. Als inneres Material, das dir Tiefe gibt. Präsenz. Sorgfalt.

Du wirst es nicht sagen müssen. Aber du wirst es ausstrahlen. Und das genügt. Was du nie mehr vergisst, ist nicht nur das, was war. Sondern das, was du daraus gemacht hast. Deine Haltung. Deine Sprache. Deine Menschlichkeit. Und das stille Wissen: Es kann alles kippen. Und ich kann trotzdem bleiben. Du wirst mit dieser Geschichte leben. Nicht laut. Nicht ständig. Aber als Teil von dir. Wie ein Bachlauf, der unter deinem Leben weiterfliesst – sichtbar nur in Momenten, aber immer da. Und vielleicht, wenn du jemandem begegnest, der gerade dort ist, wo du warst, wirst du anders sprechen. Nicht als Ratgeber. Nicht als Besserwisser. Sondern als Mensch. Mit einem Satz. Einer Geste. Einem Blick, der sagt: Ich weiss.

Und das – das ist mehr, als man am Anfang je hoffen konnte.

Notizen:

Notizen:

Schlusswort mit Danksagung:

Am Ende eines Weges schaut man oft zurück. Nicht mit Wehmut, sondern mit stiller Achtung. Für das, was man getragen hat. Und für das, was geblieben ist.

Dieses Buch schliesst nicht mit einer Lösung. Es schliesst mit einem Blick – auf dich. Du hast gelesen, gedacht, vielleicht geweint, vielleicht genickt. Du hast erkannt, dass du nicht der Einzige bist. Nicht die Einzige. Und du hast dich vielleicht gefragt: Was nehme ich mit?

Vielleicht nimmst du keine Antwort mit. Aber einen anderen Ton. Eine andere Haltung. Vielleicht nimmst du den Mut mit, dich nicht mehr kleinzumachen. Oder die Sanftheit, dir selbst zu verzeihen. Vielleicht nimmst du den Gedanken mit, dass auch Brüche Würde haben. Und dass du stärker bist, als man es je messen könnte.

Ich danke dir, dass du durch dieses Buch gegangen bist. Ich danke allen Menschen, deren Geschichten mich geprägt haben – offen oder still.

Ich danke den Berater/innen, die zuhören, und den Arbeitssuchenden, die nie aufgeben.

Ich danke den Momenten, die wehgetan haben –
und die mich gelehrt haben, nicht wegzusehen.

Und vor allem:

Ich danke dir, Leser oder Leserin, für dein vertrauen.

Für deine Zeit. Für deinen Weg.

Mögest du nie vergessen, was du durchlebt hast.

Mögest du nie glauben, dass du nur wertvoll bist,
wenn du funktionierst. Mögest du in der Arbeit
nicht dich selbst verlieren – sondern dich finden.

Und wenn du jemanden triffst, der gerade dort
steht, wo du warst:

Sei leise. Sei ehrlich. Und sei da. Das genügt.

Über die Autoren:

Günther Plamenig arbeitet seit vielen Jahren an der Schnittstelle von Mensch, Arbeit und Veränderung. Als Unternehmer und Arbeitgeber, Coach, Wegbegleiter und erfahrener Praktiker kennt er sowohl die institutionelle Seite des Arbeitsmarkts als auch die oft übersehene menschliche Dimension hinter Zahlen, Fristen und Profilen.

Seine eigene Geschichte ist geprägt von Firmen, Coaching, Beratungen und Brüchen, sowie Neuanfängen und der leisen Entschlossenheit, Menschen nicht zu optimieren – sondern zu erinnern: an ihre Würde, an ihre Kraft, an ihren eigenen Takt. Die Erfahrung, wie es sich anfühlt, sich selbst neu zu sortieren, ist nicht Theorie, sondern Teil seiner Biografie.

In seiner Arbeit und seinen Texten verbindet G. P. Klarheit mit Empathie, Struktur mit Tiefe – und eine Sprache, die nicht imponieren will, sondern sich dazugesellt. „Die ersten drei Monate arbeitslos bei der RAV" ist sein erstes Buch in dieser Form – geschrieben für Menschen, die mehr suchen als eine Anleitung.

Yves Plamenig - Unternehmer, Autor und Experte für Unternehmensaufbau und wirtschaftlichen Erfolg. Yves Plamenig ist ein vielseitiger Unternehmer und Autor, der sich auf praxisorientierte Bücher und Ratgeber rund um die Themen Unternehmensgründung, strategisches Wachstum und wirtschaftlichen Erfolg spezialisiert hat. Dank seiner fundierten Erfahrung und seines umfangreichen Fachwissens bietet er wertvolle Einblicke und bewährte Strategien für Menschen, die ihre unternehmerischen Ziele gezielt und effektiv erreichen möchten.

Als Autor vermittelt Yves Plamenig klare und sofort umsetzbare Handlungsschritte. Seine Werke zeichnen sich durch eine verständliche Sprache, Praxisnähe und konkrete, erfolgserprobte Methoden aus. Besonders hervorzuheben ist sein Buch "Wie baue ich in einem Jahr ein Millionenunternehmen auf". Durch seine authentische, praxisorientierte und motivierende Kunst inspirierte Yves Plamenig angehende Unternehmer und erfahrene Geschäftsleute gleichermassen. Seine Bücher und Vorträge vermitteln nicht nur fundierte fachliche Kenntnisse, sondern unterstützen Menschen gezielt dabei, ihren wirtschaftlichen Erfolg nachhaltig aufzubauen und persönliche Potenziale maximal auszuschöpfen.

Notizen:

Bücher vom Autor/en:

Titel: Die ersten drei Monate arbeitslos bei der RAV

Titel: Der Algorithmus der Sehnsucht – Wie Maschinen unsere Herzen lesen

Titel: Die Kraft der Gegenwart - Hypnose und Achtsamkeit als Weg zur inneren Freiheit

Titel: Die Erfolgreiche Hypnose - Praxis

Titel: Moderne Hypnose - Induktionen für Suchtkranke

Titel: Hypnose 2025 - Neue Techniken und Erkenntnisse

Titel: Herzenszeit

Titel: Wer bin wirklich ich?

Titel: Die Sinn-Krise der Moderne - Warum wir alles haben und trotzdem leer sind

Titel: Warum die meisten Beziehungen nach 9 Monaten beendet sind

Titel: Gehirn-Hacking

Titel:100 Jahre jung

Titel: Der Unternehmer der Zukunft

Titel: Wie moderne Eltern ihre Kinder erziehen sollten

Titel: Die Gemeindeberater

Titel: Der Vorstandberater

Titel: Der wahre und richtige Geschäftspartner

Titel: Wie baue ich in einem Jahr ein Millionenunternehmen auf

Titel: Der Weg zur ersten Million

Titel: Die Zukunfts-Formel: KI, Persönlichkeit und Business

Titel: Charisma entfesseln

Titel: Der Bauherrenberater Schweiz

Titel: Das Baustellen Handbuch

Titel: Ein Tag in der Zukunft

Titel: Der Präsidentenberater

Titel: Die Wahrheit da draussen – UFOs, Aliens und das Schweigen der Mächtigen

Titel: Wege zum Erfolg

E- Mail: bottomupverlag@gmail.com

Im Buchhandel ausverkauft:

Titel: Wege Zum Erfolg, 1. Auflage jetzt wieder erhältlich unter:
bottomupverlag@gmail.com erhältlich!

Preis Sfr. 35.50 inkl. Versand.

Verlag: Bottom up

E- Mail: bottomupverlag@gmail.com

Notizen:

Notizen:

Notizen: